いつも成功している人の心のマネジメント術

経営コンサルタント／心理カウンセラー
田中晋也

はじめに

いつの間にかプラス思考型人間になっている

働く会社があり、そこで仕事をして一定の収入を得られているという日々を過ごしていても、何か漠然とした将来への不安や失望感がまとわりついている。あるいは、生き苦しさを感じる、ということはありませんか？

そのような方は、次のようなことに心当たりがあるかもしれません。

- 将来起こるかどうかも分からないことに不安を感じている
- 自分に自信がなく、ダメな人間だと思っている
- 人生の目的・目標がなく、毎日、流されるように生きている自分が嫌だ
- マイナス思考を変えるために自己啓発本をたくさん読んだが、効果を感じられない
- 新しい取り組みを始めても、長続きしない自分にウンザリする

いかがですか？　人はささやかなことに幸せを感じる一方で、常に自分の嫌な面を探したり、将来の不安をシミュレートしてしまうものです。

もう少し具体的な例を挙げてみましょう。こんなふうに感じたことはありませんか？

- ＡＩ、ＩＴ、ロボットに自分の仕事を奪われてしまうのではないかと不安になる
- 他人と比較し、自分は他の人より能力が低いのではないかと落ち込んでしまう
- 上司や先輩に注意されると、すぐに会社を辞めて逃げ出したくなる
- 数値目標を設定されるとプレッシャーに負けそうになる
- どう受け取られるかが不安で、会議中に自分の意見を言うことができない
- 朝礼の挨拶やプレゼンなど、人前で話すのが苦手。極度に緊張するので逃げている
- 同じミスを何度も繰り返している自分に嫌気がさしてしまう
- 同僚たちが飲み会や合コンに行った話を聞くと、仲間はずれにされた気がする
- 不平・不満ばかりこぼしている自分に気付いて落ち込んでしまう

もし、ご自身に該当する部分があっても気に病むことはありません。人は暇さえあれば、将来に不安を感じたり、嫌なことを思い出したり、何でもないようなことを悪く解釈した

り、あるいは悪いことが起きるシミュレーションをしてしまうもの。あなただけではないのです。

そして、このようなマイナス思考のスパイラルから脱することは、実はそれほど難しいことではありません。いろいろ試してみたけどダメだった、という人は、本書を読み進めるうちにいつの間にか「プラス思考型人間」に変わっている自分に驚かれるでしょう。

メンタルが弱い人やマイナス思考の強い人には、原因があります。その原因を「知るだけ」でも、人は変わり始めます。そのことを本書では説明しています。

今すぐ簡単に幸せになれる

幸せとは、誰かから与えられる権利ではありません。自分の意志でつかみ取る義務だと、私は思っています。人は皆、幸せにならなければならないのです。

といっても、並外れた努力や苦労を覚悟する必要など全くありません。幸せは、今すぐ簡単に手に入れることができるからです。つまり、幸せは自分の考え方次第なのだということに気付くことができれば、すぐにでも手に入れられるのです。

本書は、そのことに「気付く」ためのガイド本です。あなたを変えてしまおうという劇薬的な本ではありません。あなたがすでに完璧であることに気付くための手引き書です。

イチゴをミカンに変えてしまうといった手品は使いません。しかし、イチゴやミカンには異なったおいしさがあることに気付いてもらいます。

今はまだ、意味が分からなくても大丈夫です。本書を読み終える頃には、自分に対する印象や評価はまるっきり変わっていることでしょう。

それでは、今すぐ簡単に幸せになれる方法に「気付いて」ください。

■もくじ■

はじめに

第1章　幸せって何だろう？

第2章　成長の段階

第3章 全てのものには振動波がある

第4章 「引き寄せの法則」の誤解

第5章 心って何だろう？

第6章 心をマイナスから±0にする客観力

第7章 客観力でマイナス認知を改善する

第8章 心を±0からプラスにする前進力

第9章 頑張ってきた自分を肯定する

第10章 私たちは感謝が足りない

第11章 あなたの夢を実現する

第12章 本当の幸せとは？

第1章

幸せって何だろう?

1. 物質的な豊かさと心の豊かさはどっちが大事か？

幸せって何でしょうか。どのようなときに感じますか？

私は、人が幸せを感じるときは、物質的な豊かさと心の豊かさの両方を得たときだと考えています。

物質的な豊かさとは、モノ（お金、豪華な家、車、高級バッグや服、宝飾品）やおいしい食べ物、あるいは名誉や地位といったものを指します。化粧、美容整形などにより外見が美しくなることなども含めていいでしょう。これらを手に入れると、幸福感を得られることは確かです。

一方、心の豊かさというのは、不安がなく生きていること自体が愉快で楽しいこと、何事にも感謝できること、信頼し合える家族や友人の存在、人のためになり、感謝されたり喜んでもらえることなどを指します。

これら2つの豊かさのうち、宗教や世間では一般的に、後者の心の豊かさこそが幸せになるために必要なもので、前者の物質的な豊かさを求めることは品位がないことだとされています。

その反面、人は物質的豊かさに強く憧れています。そのため、実際に自分よりも物質的な豊かさを享受している人を見ると、表向きは「素晴らしい」「いいわねぇ」「素敵！」などと言いながら、内心では羨ましさや嫉みなどの感情を持ちやすく「あんなのは本当の豊かさではない」「何かずるいことをして手に入れたに違いない」と否定しようとします。

これは、人というのは、他人の物質的豊かさを否定することで、自分が物質的に豊かではないことを正しく生きてきた証しとし、正当化しがちだということです。

このような人たちは、物欲が強いことは「はしたない」ことだとして、自分は慎ましやかな生活をしているのだ、という姿勢をみせます。しかしそれは、負け惜しみや強がりであったり、あるいは自分の貧しさを正当化しているだけの場合もあります。

2. 物質的な豊かさを求める心を否定しない

しかし、私たちは物質的な豊かさを否定してはいけません。人が生まれたときから持っている物質的な欲を無理やり抑え込んではいけないのです。なぜなら、それは本来の自分を否定することにつながり、もともと持っている力を発揮できなくしてしまうからです。

また、心の豊かさの中には、物質的な豊かさを得られた結果として手に入れられるものもあります。十分に余裕のある安定した収入を得ることで将来への不安を減らして心の平穏を得たり、ちょっと高級なレストランでおいしい食事をしたときに満たされた気持ちになったり、理想的な住居を構えることで快適な生活を手に入れて幸福感を得たりします。

ですから物質的な豊かさは、心の豊かさを得るための手段である場合もあります。その結果、幸せを感じられるのであれば、まずは物質的な豊かさを手に入れてもいいと思います。

むしろ、本当は欲しているにもかかわらず、自分を欺いて物質的な豊かさへの欲望を抑圧することは不健全です。抑圧しすぎるとかえって心がねじれて、心の豊かさまで得られにくい体質になってしまいます。

ところが最近の若い人たちは、ある程度物質的に豊かな環境で育てられてきたせいか、いきなり物質的な豊かさを飛び越えて、心の豊かさを求める傾向があるように思います。

最近、若い人たちと仕事をしていると、こんなことを言われる機会が増えてきました。

「お金を稼ぐことは嫌いです。そんなことより、世のため人のために社会貢献できる仕事がしたいんです」

もちろんビジネスの最終ステージは社会性の追求になりますので、そう思うこと自体は悪いことではありません。しかし、その前に会社はお金を稼ぐこと、つまり収益性を高めなければ従業員が満足する給料は払えませんし、新しい商品・サービスを開発し、顧客を増やすこともできません。当然、会社を存続させるのも難しくなります。

若い人たちはそのようなことには考えが及ばず、とにかく社会貢献をしたがります。まるで、収益性を無視し、社会性だけを追求する「社会性おばけ」のようです。

もちろん、社会貢献し、心の豊かさを満たすこと自体は悪いことではありませんが、私が気になるのは、若い人たちが社会貢献というかたちで心の豊かさを得ようとしていることです。

社会貢献をすること自体は崇高な心意気で素晴らしいことではないかと思われるかもしれませんが、自分の充実感をいきなり社会貢献に求めることには無理があると思うのです。

つまり、物質的あるいは精神的に自分がまだ満たされていないのに、いきなり社会に貢献して他者を助けることで幸福感を得ようとする姿勢には無理があるということです。

自分が満たされ、幸せでなければ、その段階で他者を喜ばせたり、幸せにすることは難しいと思います。まずは自らが物心両面で豊かになり、その後に他者を幸せにするのが正しい順番です。

3. 自分は豊かだと錯覚したがる若者たち

実際のところ、物欲がないというのは生命力に欠ける、あるいは諦めが早い、ということでもあります。

私たちは聖人君子ではありませんから、素直に自分が幸せになり、物質的にも精神的にもゆとりを持った状態になってから、他者を助けるために社会貢献を行うほうが、自然な状態だといえます。

ところが、まだ自分が満たされてもいないのに社会貢献してちやほやされたがる心理というのは、ある種のリア充アピールに似ています。

自分はこんなに社会に貢献しているんだ、みんなから感謝されている存在なんだ、と思うことで自分の存在価値を肯定し、実際には満たされていない幸福感が満たされたかのような錯覚を得たがっているのです。

これは、Facebook や Instagram でリア充アピールをして、たくさんの「いいね」を得ることで、まわりから羨ましがられるような充実した人生を過ごしているのだ、という錯覚を起こしていることとあまり変わりありません。

自分が物質的・精神的に豊かになっていないにもかかわらず、他者のために社会貢献している状態は、きれい事に酔っているだけかもしれません。

そのような人は、物質的・精神的に豊かな人を見れば、内心、羨ましいと思ってしまいます。その結果、他者のために行っている社会貢献のはずが、本心から他者を助けようというのではなく、こんな自分が誰かに評価され、ちやほやされるきっかけにならないだろうか？　などと思うようになってしまうかもしれません。そのような考えで行動していると、助けられている側にもその気持ちは伝わってしまうもので「ああ、偽善者だなぁ」と評価されるようになってしまうことになるでしょう。

ですから、私は他者を助けたい、社会貢献をしたい、という若い人たちには「まず自分が物心両面で豊かになりなさい。真心込めて、他者を助けられるゆとりのある人間になりなさい」とアドバイスしています。

そのためにも「まずは、すぐにでも自分が物心両面で豊かになる行動を起こしなさい。早く自分を幸せにして、その幸せを他者にも分けてあげなさい。そして、ゆとりを持って他者を助けなさい、社会貢献しなさい」と言っています。

すると「世の中には自分が貧しいにもかかわらず、他者のために、社会のために尽くした偉大な人々がいるではないか」と反論されます。

しかし、そのような人たちは、特別にあつい信仰心や強烈な信念などにより行動した人たちで、とても常人が容易にたどり着ける境地ではない高みにいる人たちです。安易に真似するべきではないと思います。

ここまでが20代や30代の若い人たちへのアドバイスです。

4. 高度経済成長期の人は与える

高度経済成長期の人たちに対しては、アドバイスが変わってきます。この人たちはもっと自分の欲望に素直で、まずは自分の収入が上がること、地位が上がること、豪華な家を持つこと、車を持つことが優先だ、という行動を取ります。それらを得た上で、初めて世のため人のために何かをしなければ、と感じる人が多いのです。

このような人たちはむしろ、ある程度自分の豊かさを得られるようになったら、会社の部下、まわりの人のため、あるいは顧客、仕入先のため、そして社会のためになることをやる必要があります。そのような考え方を持って実践できなければ、自分の成長が停滞してしまいます。

管理職やリーダーが自分の欲を満たすことだけを目的に行動している場合は、下の人たちが付いてきません。そのような自己中心的な動機による行動は、いかに部下のため、会社のためといったスローガンを掲げても、うわべだけの嘘であることは簡単に見抜かれてしまいます。

逆に、本心から部下のため、会社のため、あるいは顧客のため、社会のためと思って行動するように心がけていれば、自然と部下からも信頼され、経営幹部からも頼られる存在になります。

5. リア充アピールの不憫さ

ところで、スマートフォンとSNSが普及するようになってから、多くの人がネット上でリア充アピールを競い合うようになっています。楽しそうに笑っている自分の写真や訪れた先の風景、インスタ映えする料理の写真など、まるで毎日楽しいことしかない、とでもいうような写真やコメントでSNSが満たされています。

しかし、人生は、決して愉快なことばかりではありません。悲しいこと、不愉快なこと、失望したこと、立腹したこと……など、さまざまな体験をせざるを得ないのです。

それでもこのようなリア充アピールを健気に続けている人というのは、心の豊かさを満たすために、まわりの人々から「いいね」と共感や羨望を集めることで、かりそめに心を満たしているのでしょう。

一方、私のまわりを見ると、本当に日々充実して豊かな暮らしをしている人たちは、ほとんどSNSでのリア充アピールをしていません。たまに、友人たちへの報告といった意味で「今、イベントの関係でローマに来ています」や「今週は休暇で1週間軽井沢にいますので」と事務的に情報をアップしている程度です。

彼・彼女たちは特に伝えるべきことがなければ、むやみにSNSに投稿することはありません。充実した時間を過ごしているときはすでに自分が満たされていますから、あえてＳＮＳに投稿する必要を感じないからです。

たまにうっかりリア充アピールしている人のＳＮＳを見たりすると、そこに映っている笑顔の写真を見て少し不憫に感じることもあります。

6．お金儲けは品がないことなのか

まずは、自分から豊かになること。これは決してエゴではありません。ごく自然な欲求です。

人は誰でも、生まれたときから物資的な欲求を持っています。これは生きるために必要なためです。ですから、このような欲求を無理やり抑え込むことは、かえって不自然だということになります。

より快適な暮らしや楽しい体験をするために、まずはお金を稼ぎたいということは自然な欲求です。ですからお金持ちになることを悪いこと、やましいことだと思ってはいけません。

日本は狩猟採集経済で成り立っているわけではありませんから、何をするにもまずはお金が必要です。お金儲けをすることは何か卑しい行為だと後ろめたく感じる人もいるかもしれませんが、それは長い年月の中で刷り込まれた考え方です。

詳しくは後述しますが、自分よりもお金を持っている人や成功している人を「悪いことをしているに違いない」と非難することで自分の現状を正当化することを繰り返していた親から刷り込まれた考え方です。あるいは学校の先生から、世間の人たち、会社の上司や先輩から、私たちはたくさんの価値観を刷り込まれています。この刷り込まれた価値観から自分を解放する必要があります。

それならばお金を手に入れるために何でもしていいのか、と極論を述べる人もいますが、あくまで社会倫理や規範の範囲でということになります。刷り込みから解放されることは、決して無法者になることを推奨しているわけではありません。社会の秩序をいたずらに乱したり、他人に迷惑をかけてまで自分の欲望に従ってしまっては、それこそエゴです。

それに、そのような欲望の赴くままに行動すれば、社会的制裁を受けたり報復を受けたりと、結局は楽しくない人生を送ることになります。

7.「大切なのはお金じゃない」はきれい事

そもそも、人は物質的な欲がなければ頑張れません。成長しようという意欲が湧かないのです。

もっと豊かな生活がしたい、豪華な家、車が欲しいし、ブランドの高級服、バッグ、宝飾品も欲しい。あるいは素敵な人と結婚したいし、家族にも良い暮らしをさせてあげたい。子どもがいれば良い教育を受けさせたいし、安全な食材で料理を作ってあげたい……。

そして、自分にはやりたいこともある。世界を見て回りたいし、絵を描きたい。歴史を研究したり、音楽活動をしたい。余裕があるなら、困っている人を助けたい……。

このような欲を満たすためには、より多く稼いで経済的な豊かさを手に入れる必要があります。

ただし、ずるして稼いだお金では気持ち良く使えませんし、稼ぎ続けることもできません。「いや、物じゃないんだ、お金じゃないんだ。大切なものは他にあるんだ」と言っても、きれい事にしか聞こえません。

すでに十分に経済的な豊かさを手に入れ、やりたいことをやってきた人が言うのであれば説得力はありますが、まだ経済的な豊かさを十分に手に入れていない人が言えば、それは単なる負け惜しみです。

人には成長のステージがあります。まずは「自己満足」を満たします。しかし、このステージに入ったら、次の「他者満足」のステージを目指さなければ成長が止まります。（図表1）

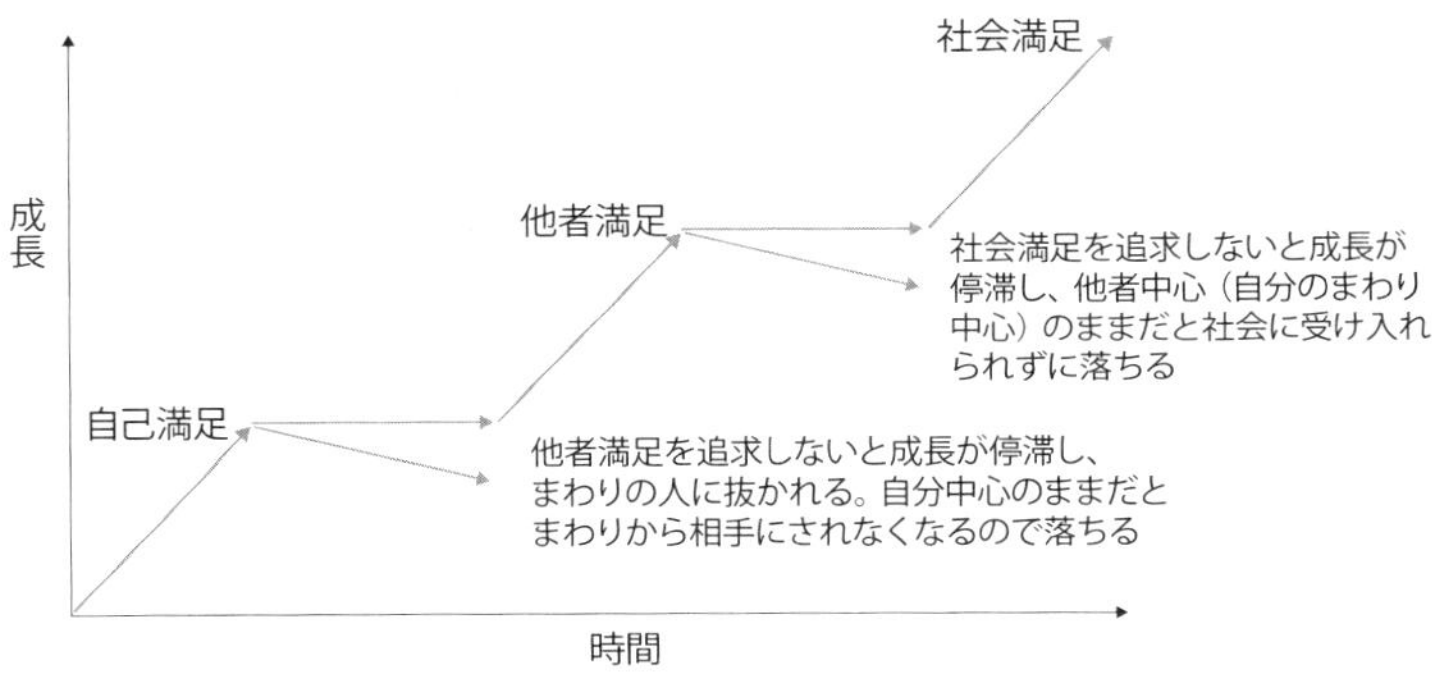

「他者満足」の他者とは、会社では上司や部下、顧客、取引先。プライベートではパートナーや家族、親戚、友人などになります。

　この他者満足のステージに到達したら、次は「社会満足」を目指します。「社会満足」とは、地域に貢献すること。国、世界、生きとし生けるものに貢献し、役に立つこと、喜ばれることです。被災地での援助活動に参加することや、社会的弱者への支援、あるいは自分の持っている知見を生かして不特定多数の人にアドバイスしたり、才能と夢を持った若者に資金的な支援をするなどが当てはまります。

「自己満足」のステージから「他者満足」のステージに上がれない人は、やがてマンネリ化し、退屈になります。やる気がなくなっていきます。自己中心的な振る舞いがまわりから受け入れられなくなります。

　そして、停滞しているうちにまわりがどんどん成長し、追い抜かれ、落ちてしまいます。「他者満足」のステージにいる人は、社会の役に立つような行いができなければ「社会満足」のステージには上がれません。

ですから、「自己満足」を満たしたら、次は自分のまわり、社会に惜しみなく幸せを与える「他者満足」「社会満足」のステージを目指して成長していかなければ、あなたは幸せにはなれないのです。

8. 自分の長所・強みを生かして与えることで好循環を促す

このように、人は常に今よりも上のステージを目指さなければ、成長が止まって停滞するか、落ちてしまいます。「自己満足」を満たした人は、次の「他者満足」を目指す必要があります。

このとき「他者満足」や「社会満足」を実践するために必要なものは金銭的な支援に限りません。自分の体を動かして貢献したり、知見があればアドバイスをしたり、あるいは物を提供したり、さまざまな方法があります。つまり、自分が持っている有形・無形の資産から、与える余裕のあるもの、あるいは与えても減らないもので貢献すればいいのです。

その基本は、相手に喜んでもらえることです。自分が長年培ってきたノウハウを部下に教える、といったことも立派な「他者満足」の実践です。あなたがネットビジネスに詳しいのであれば、ネットショップの立ち上げで悩んでいる友人にアドバイスしてあげることも「他者満足」の実践になります。

「社会満足」の実践例としては、地域のコミュニティーに参加して得意分野のスキルを生かして貢献することや、福祉団体にお金を寄付するといったことでもいいのです。あるいは、売上が伸びずに困っている若い経営者に、自分の体験談や成功した秘訣を教えてあげることでもいいでしょう。自分の持っている知見やスキルを独り占めしようという狭い了見では、より高いステージへの成長は望めません。

このように「他者満足」や「社会満足」を実践している人たちには、まわりから感謝されたり信頼されることで、より多くの豊かさが返ってきます。つまり、好循環が始まるのです。その結果、それを狙っていたわけではなくても、良い仕事やお金、良いご縁、新しいやりがいなどにどんどん恵まれるということになります。

◆第1章　まとめ◆

- 人は物質的な豊かさと心の豊かさの両方を手に入れなければ、幸せにはなれない。
- 社会貢献したければ、まずは自分が物心両面で豊かになること。
- 金儲けが卑しいと思うのは、貧しさの正当化。
- 他者や社会に貢献する方法は、いろいろあり、自分の得意な方法で貢献すれば、好循環が始まる。

第2章

成長の段階

1. 人助けの前に、自分にゆとりを持つこと

私の昔からの友人に、クリスチャンの一家で生まれ育った人がいます。外見からも行いからも、その人の心が清いことがよく分かるような誠実な人で、普段から欲もなさそうに見えます。

しかし、あまり裕福ではありません。

本人は現状で満足しているようなことを常々語っていますが、本当に幸せなのだろうか？　とたまに思うことがあります。単に、現状を受け入れるために欲を抑え付けているだけなのではないかと。

清貧と言うのでしょうか。一見、潔い生き方のようにも見えます。しかし私には、諦めてしまった人のようにも見えます。自分の本当の気持ちを押し殺して生きているような人にも見えるのです。

このような彼が、他者のために何かしてあげたい、他者を幸せにしてあげたいと言っても、その気持ちは確かに崇高かもしれませんが、説得力には欠ける気がします。やはり、まずは自分の欲を満たし、他者を助けられるだけの物質的・精神的なゆとりを持つことが先決だと思います。

自分にゆとりがない状態では、いくら崇高な気持ちで他者を助けようとしても、できることには限界があります。手ぶらで被災地に行っても、自分の食べるものを確保することさえままならず、ともすると現地の被災者を助けられるどころか、足手まといになってしまうかもしれません。

十分な物資と活動できる時間的な余裕（つまり、しばらく働かなくても大丈夫な経済力）を持った人であれば、より多くの人を助けることができるでしょう。

2. 高みを目指さない人生は退屈になる

会社の経営者や管理職などのように、すでにある程度の経済的基盤や社会的地位を持った人であるにもかかわらず、自分のことばかり優先している自己中心的な人では、従業員や部下の共感も感謝も、そして信頼も得られません。

このような管理職は、部下の力を引き出してチームとしての成績を底上げすることができませんから、社内の政治力を使わない限りは今以上の豊かさを手に入れることは難しいでしょう。

ある程度の経済的な豊かさを手に入れることができたらセミリタイアするという人もいますが、その後、本当に何もしなかった場合は、幸福感が薄れていきます。

常に幸福でいる人というのは、たとえセミリタイアできる境遇になっても次のことにチャレンジして、より高みを目指しているものです。

経済的にゆとりがあって生活には不自由がなくても何もしないと退屈してしまいますし、毎日が面白くありません。誰かの役に立ったり世の中に貢献したりすることで、誰かに感謝されたり尊敬されたりしていなければ、幸福感を得られなくなっていきます。ですから、もう働く必要もないのに、と思われている人が、新しいビジネスにチャレンジしたり、福祉活動を始めたりする姿を私たちはよく見るのです。

一方で、高みを目指すために自己啓発本を次から次へと買っている「自己啓発本コレクター」のような人がいます。私は自己啓発本自体は否定しません。確かに学ぶことも多いですし、素晴らしい人生観も紹介されています。

ただし、これらの本を読んでもなかなか満足できる成果が得られない人は、幸せになるための全体像が分かっていないといえます。

すでに述べた通り、人の成長過程には「自己満足」「他者満足」「社会満足」のステージがあります。「自己満足」が満たされていない人が一足飛びに「社会満足」を満たすことはできませんし、「自己満足」のステップを踏んでいない人が「他者満足」を試みてもうまくいきません。人は「自己満足→他者満足→社会満足」の順番で成長していったほうが自然に違和感なく幸せになれます。

また、自己啓発本は自分の成功・幸せの話に偏り過ぎているものが多いので、最終的に自分の幸せとは他者や社会に貢献し、幸せにした分しか得られないということを理解しておかなければなりません。

このあたりのことを総括し、幸せになるための方法を体系立ててうまく説明している自己啓発本はあまりありませんので、その結果、いつまで経っても納得のいく成果が得られずに、次から次へと自己啓発本を買ってしまうのです。しかし、そこに書かれていることは、ほぼ同じ内容ですから、なかなか次のステージには上がれません。

3. 会社の成長にも段階がある

「自己満足」「他者満足」を満たすと、次は「社会満足」を満たすステージだとすでに述べました。これは、社会に貢献することで幸せを得られるというステージです。

実はこの成長ステップは個人だけではなく、会社にも当てはまります。

会社は利潤追求体ですから、何より売上・利益を出さなければなりません。創業したての会社や経営不振に陥っている会社は、とにかく経営を安定させるために安定した売上・利益を出せる状態を懸命に目指さなければなりません。これが「自己満足」の段階です。

ところが、いったん安定した売上・利益を出せるようになったら、次の「他者満足」のステージを目指さなければその会社はそれ以上の成長は望めませんし、へたをすれば衰退するかもしれません。

会社における「他者満足」とは、従業員の給与を上げて、生活をより豊かにすること、労働環境を整えることなどの従業員満足度アップ、顧客満足度を高めることなどです。すると、従業員の定着率や新卒の入社希望者が増えてより優秀な人材に恵まれたり、顧客満足度が高まることで市場からの信頼が高まります。さらに生産性向上を図ることで、売上・利益が伸びるようになります。

この段階に来たら、次は「社会満足」のステージを目指さなくてはなりません。具体的には、地域貢献や環境活動、福祉活動などです。この段階まで来れば、ますます社会からの信頼や共感、感謝を得られる会社になり、そのことがより会社の収益に良い影響を与えるという好循環に入ります。

4. 社会貢献できる仕事ばかりをしたがる若者たち

この成長の段階について最近気になっているのは、若い人たちの稼ぐマインドが不足しているということです。

まだ自分たちでまともに稼ぐことができない若い人たちが、社会貢献できる仕事ばかりをしたがる風潮には「早すぎるなぁ」と感じてしまいます。

おそらく彼・彼女らはある程度物質的には恵まれた環境で育てられてきたために、他者を助けるにはまず自分を満足させる力、自分で稼ぎ出す力がなければダメなのだ、ということが分かっていません。今ある物資的な満足は、自分で勝ち取ったものではなく親から与えられたものであるということに気付いていないのです。

しかし、欲しい物は買い与えられ、食べたい物も食べてきて、すでに物質的にはある程度満たされているため、物質的な満足を飛び越え、いきなり精神的な満足を得ようとするのです。それで、まだ稼ぐ力がないにもかかわらず、社会貢献をしたがるのです。

彼・彼女らがSNSでリア充アピールを懸命にやっているのも、同じ理由なのかもしれません。物質的な充足感よりも「いいね」を集めることで心を満たそうとしているのでしょう。

一方で、SNSで集めた「いいね」など、しょせんはお付き合い程度のマーキングでしかないことも薄々気付いているので、もっと実質的に社会貢献できる仕事をしたがっているのかもしれません。

しかし、私は自分の部署にいる若い人たちには「まず、自分で稼げるようになれ」と言います。社会貢献はその後だと。

5．人は他人と比較してしまう生き物

よく「自分は自分なのだから、他人と比較しても仕方がない。比較してはいけない」と語る人がいますが、これはかなり無理があります。人は比較してしまう生き物なのです。スーパーマーケットでトマトを買うにしても、必ず他の店との価格や品質を比較しています。あるいは、同じ棚にあるトマトの中から、できるだけおいしそうなトマトを選んで買っているはずです。

他人と比較してはいけない、というのは、現状の自分に満足して心の平安を得られればいいという諦めの哲学ではないでしょうか。ですから「他者と比較すると不幸になるよ」と言っているわけです。

年収が５００万円の会社員がいたとして、まあまあ良い収入だろうと納得していたはずが、実は同僚たちの年収が６００万円や７００万円だったということを知った途端に、落ち込んでしまいます。これは瞬時で自分の年収と同僚たちの年収を比較してしまったためです。

また、同期の人たちがどんどん役職付きになって出世しているのに、自分だけは平社員

のままであれば焦りますよね。

このようなことを避けるために「自分は自分、他人と比較してはならない」と悟らせようとする人がいるわけですが、人は絶対に比較してしまいます。

それなら、私は素直に比較して「よし、もっと年収が高くなるように頑張ろう！」と思ったほうが健全だと思うのです。あるいは「もっと出世しよう！」と考えたほうが前向きなのではないでしょうか？

他人と比較すると不満が出たり惨めになったりするから比較しないほうがいいという教えは、現状に満足しなさい、諦めなさい、上を目指してはいけません、と言っているわけです。

あるいは、自ら「他人と比較するのは無意味だ」と言い聞かせているとすれば、それは、現状を認めたくないということです。

このような考えを持ってしまっては、人の成長は止まってしまいます。むしろ、他者と比較して悔しいとか惨めだとか思っている自分を素直に受け入れて「よし、もっと頑張ろう！」と思ったほうが、成長するための動機付けや活力になります。それが物欲であろうと、素直に受け入れて構いません。

6. お金を避けてはいけない

比較してはいけない、という考えと同様に、お金儲けに興味を持ったり、お金を欲しがることを「はしたない」という考えも刷り込まれた価値観です。このような価値観にとらわれている限り、経済的な豊かさを享受できるチャンスに出会えたとしても、自分でブレーキをかけてしまったり、背を向けてしまったりする可能性があります。

考えてみてください。お金があれば、人生のさまざまな問題の多くが解決できるでしょう。夢も叶えることができるかもしれません。そして何より、日々の不安や将来への不安の多くから解放されるはずです。

私たちが抱えている不安や問題のかなりのことが、経済的な制約により生じているものなのだと認めるべきです。

お金があれば、憧れの国に移住できるでしょう。夢を追いかけるために会社を辞めることもできるかもしれません。あるいは自分で起業して独立することで、嫌な上司ややりたくもない仕事から解放されるかもしれません。つまり、お金があれば人生の選択肢が広がるのです。

私の例ですと、稼ぎが少なかった頃は、嫌なクライアントとも付き合わなければなりませんでした。しかし現在は、キャンセル待ちしていただいているほどですので、クライアントを選ばせていただける状況にあります。これは稼げるようになったからこそ、できることです。

確かに、お金だけでは解決しないことや、手に入らないことも多くあります。しかし、お金があれば選択肢が増えるのですから、経済的な、あるいは物質的な豊かさは手に入れるべきです。

そうしてまずは自分自身が豊かになることで、初めて本当に他者の幸せや社会への貢献を考えて、実践することができます。

7. お金儲けだけでもいけない

物欲や経済的欲求があることを素直に認め、稼ぐことに一生懸命になるのはいいのですが、自己中心的な考えや行動にばかり走らないよう注意しましょう。

頑張った結果、経済的な成功を収めたとしても、家族や友人、あるいは同僚たちから嫌われるようになっていたというのでは、決して豊かになったとはいえません。

私は仕事柄、医療機関を訪れることが多いのですが、あるとき、経済的に大成功を収めたある経営者が入院している姿を見かけました。経済的に余裕がありますので、過ごしやすい個室で最高の治療を受けておられました。

ところが、誰もお見舞いに来ている気配がありません。聞けばご家族の方々は面倒くさがって来ないのだといいます。

そんなある日、珍しくご家族の方々がお見舞いに来られたところに遭遇したのですが、皆さん、その経営者の方が亡くなられた後の財産のことや、いつまで生きているのかしらといったようなお話ばかりをされていました。寂しいものですね。

ある医師に聞いた話では、別の患者さんが危険な状態になったときにご家族をお呼びしたら、来られたご家族の方々が「まだ生きているじゃないの。死んだら呼んでください」と言って帰ってしまったそうです。なんとも荒(すさ)んだ話です。

このような人たちは、もしかしたら自分の成功のために、まわりを一切顧みずに邁進してきた方々なのでしょうか。その結果、自己中心的な考えや行動をしてきたために、心が通じ合える、お互いに尊敬や信頼、思いやる気持ちを持ち合える存在の人を大切にしてこなかったのかもしれません。

ですから、物質的な豊かさを目指すにあたっては、必ず、まわりの人たちへの思いやりや感謝を忘れないように注意してください。物資的な、あるいは経済的な豊かさを得るのは、あくまで幸せになるための手段なのだということを忘れてはいけません。

8. 人は感謝されることで幸せを感じる

このように、人は人とのつながりを大切にしなければ幸せになれない生き物です。

私には多くの医療関係者の知り合いがいますが、皆さんに医療関係の仕事をしていてどのようなときに幸せや充実感、満足感を得られますか？　と尋ねると、ほとんどの人が「患者さんやそのご家族から感謝されたとき」とお答えになります。

結局、人は自分の行いが誰かから感謝されたときや認められたときが、最も自分の存在価値を高く感じられ、幸せを感じられます。

私も初めはうまくできませんでしたが、他の人に感謝されるようなことをできるようになってから、幸せを感じる機会が増えてきました。

そして、人に何かを与えれば与えるほど、巡り巡って自分に返ってくることも実感できるようになりました。物質的な場合もありますが、会いたいと思っていた人を紹介されるなどの無形の場合も多くあります。

人は物質的な豊かさだけでは幸せになれません。お金があっても、地位や名誉を得ても、家族や友人など、信頼し合える人や喜びを分かち合える人、心を通じ合える人がいなければ孤独で不幸です。

無人島で一人暮らしをしなければならなくなったとして、いくらお金や高級車、ブランド物の宝飾品を持っていても、お金を使うところや見せびらかす人がいなければ意味がありません。ましてや気が狂いそうな孤独から逃れることはできません。

しかし、助け合える仲間がいれば、すぐにでも生きる意欲を取り戻すことができるでしょう。

それに大金を得たことでかえって不安になる人もいます。自分のお金を狙う者たちから欺されるのではないだろうか？　奪われるのではないだろうか？　と不安になるのです。

物資的な満足感はあっても、精神的な満足感が充足していないために感じる寂しさもあります。男性がこの状態になると、その心の満たされていない部分を女性に求め、愛人を囲ったり、水商売の女性に入れ込んだりすることが多くあります。彼女たちは男性のお金目当てで、すなわちビジネスとして愛想が良かったり親身に話を聞いてくれるのですが、それでも男性は承認される欲求が満たされるのでしょう。女性が同様の状態になると、ブランドの服やバッグ、宝飾品を買いあさったりします。

そのようなことでは、いつまでも本質的な充足感は得られません。

9. 競争のストレス

大手企業で役職に就いているようなエリートサラリーマンは給与が高いですから、一般的なサラリーマンに比べて経済的にはゆとりがあるでしょう。

しかし精神的には大きなストレスを抱えています。仕事の責任の重さもありますが、社内でのライバルとの熾烈（しれつ）な競争があるということです。

そのため、彼・彼女たちは、常に比較されていることを感じています。したがって、人間関係にもかなり気を遣うことになります。その結果、大きなストレスを受けることになります。

心療内科を訪れている人の多くは、こういったエリートサラリーマンが多いようです。少なくとも、たくさんのブルーワーカーの人たちが心療内科に通っているという話は聞いたことがありません。

ブルーワーカーの方は体を動かす仕事が多いので、情動発散することで、ストレスが溜まりづらいのです。

ホワイトカラーで占められる大手企業の職場では、従業員の精神面をケアするために専任のカウンセラーが待機しています。

ただ、社内のカウンセラーに相談する人たちは若い従業員たちが多く、その相談内容もパワハラやセクハラに関することが多いようです。

それでは管理職や経営陣たちはカウンセラーに相談しないのかというと、そういうことはありません。彼らは自分たちがカウンセラーを頼っているところを見られたくないため、密かに外部のカウンセラーに相談していることが多いのです。

なかには、占い師や霊能者を自称する人たちの怪しげな民間療法にはまる人も多く、それほど大きなストレスを抱えているといえます。

10. 大切な人と過ごす時間

仕事に追われていると、パートナーや家族、友人たちと過ごせる時間が少なくなります。長く続いたデフレや市場のグローバル化、また、差別化が困難な中での競争激化などの理由により、一人当たりの仕事量が増える傾向にあるからです。

政府のかけ声による働き方改革に対応するために、会社側もノー残業デーやプレミアムフライデーを増やしたりしていますが、結局仕事量は変わりません。そのため、従業員は仕事を自宅に持ち帰ったり、休日に作業するなど、根本的な労働環境の改善には至っていないところも多く見受けられます。

ただ、ワーク・ライフ・バランスを本格的に推進する動きが出てきていますので、このような状態は過渡期であるとも考えられます。すでにＡＩ、ＩＴ、ロボットによる業務効率化や業務の付加価値を高めるなどして一人当たりの生産性を高めることで、実質的にオーバーワークを削減することに成功したり、在宅ワークを導入したりして、従業員のワーク・ライフ・バランスを改善している例も出てきています。

これは、会社の生産性を高めることだけでなく、そのようなワークスタイルを導入することで、より優秀な人材を確保する必要が生じているからでもあります。

11. 頑張る人ほどのしかかるプレッシャー

会社勤めをしていると、実績を出すほど、出世するほどに新規プロジェクトや新規事業などの責任ある仕事や立場を任されるようになります。あるいはノルマも大きくなっていきます。

しかし同時に、成果を出せなかったら降格、へたをすると失脚といったプレッシャーや不安ものしかかってきます。うまく成果を出して給与が高くなれば、その給与に見合った仕事をするようにさらなるプレッシャーがかかり、ここで精神的に参ってしまう人が多く出てきます。

なかには全くプレッシャーをものともしない人や、かえって闘争心を強くする人もいますが、少数派だといえるでしょう。多くの人は、プレッシャーや不安に耐え切れずに精神や身体の調子を悪くしてしまったり、心療内科に通ったりすることになってしまうのです。

異動願いを出したり、転職するといった防衛手段を選択する人もいるでしょう。あるいは、何とか持ちこたえて、いつの間にか慣れてしまっている人もいます。鈍感になる道を選んだ人たちですね。

最も危険なのは、本人も大丈夫だと思い込み、まわりの人たちから見ても全く元気そうにしていた人が、実は相当プレッシャーを感じていたため、ある日突然体調を崩したり倒れてしまうといったことです。自律神経が乱れて、手の汗が止まらなかったり動悸や目まいが起きるといった症状に見舞われる人もいます。

このようにならないための方法は後述します。

12. プレッシャーで老け込む人、やりがいで若々しい人

興味深いことに、物質的に満たされていたとしても、精神的に満たされていなければ、見た目が老けていきます。

たとえ会社で役職が付いて給与が上がってきたとしても、本当はやりたくないこと、楽しくないことを仕事にしている人、生活のためだけに働いているという人は、老け込むのが早いと感じています。

同じ会社員でも、自分の能力が生かせる仕事ややりがいのある仕事に就いている人には、

若々しい人が多く見られます。

また、経済的な余裕はなくても、自分の好きな道で食べているという人も、若く見えることが多いものです。

皆さんも、テレビなどで芸能人や芸術家など、好きな道で食べている人たちが実際の年齢よりも若々しくエネルギッシュで、活力に満ちていると感じたことはありませんか？

精神的な豊かさを伴わない仕事は、単なる労働になってしまうので、疲労感が強いのです。

一方、ワクワク・どきどきできる仕事をしている人は、精神的にも満たされていますので、その楽しさや充実感が若さとなって外見に表れやすくなります。おそらく、やりがいや充実感を感じることが、ホルモンバランスなどに影響しているのでしょう。

◆第2章　まとめ◆

- 人の成長には「自己満足」「他者満足」「社会満足」のステージがある。
- 人は比較してしまう生き物。だから、自分を他人と比較することを否定する必要はない。
- お金があれば、人生の悩みの多くが解決できることを認めること。
- お金儲けは悪いことではないが、自己中心的にならないように注意すること。
- 誰かに与えれば、その与えた人か巡り巡って別の誰かから与えられたり、良いことが起こる。
- 大切な人と過ごす時間を持つこと。
- 人は、好きなことややりがいのあることを仕事にすると、いつまでも若々しい。

第3章

全てのものには振動波がある

1. 物質的な豊かさと心の豊かさの優先順位

一般的に、頑張って働いて、あるいは出世するなり事業で成功するなりして経済的な豊かさ、つまり物質的な豊かさを手に入れられれば、生活にゆとりができて不安や悩みが解消され、心の豊かさを得られると考えがちです。

もちろん、そのような手順で心の豊かさを手に入れることは間違いではありません。確かに、経済的に豊かになれば、人生における多くの悩みは解消され、生活していく上での不安も緩和されるでしょう。

しかし、物質的に豊かになれば必ず心も豊かになれるとは限りません。前章でも触れたように、お金が増えたことで新たな不安や悩みを抱え込んでしまう人もいます。

また、お金持ちが必ずしも豊かな心を持っているとは限りません。お金とは、持つ人によっては悪魔的な魅力を放つ存在で、お金を手に入れれば入れるほどもっと欲しくなるという執着心にとりつかれることもあるのです。「カネ、カネ、カネ」とお金の亡者になってしまう人もいます。

こうなると、お金がどんどん増えていかなければ心も満たされなくなってしまいますし、増えたら増えたで、もっと欲するようになります。そして、いつまでも飢餓状態が続くのです。

そして、少しでもお金が減り始めると、ますます心が貧しくなっていきます。資産が1000万円から2000万円に増えたときは幸せに感じていたのに、1億円から7000万円に減れば不幸に感じるのです。まだ7000万円もあるというのに！

多くの人が気付いていないのは、心の豊かさというのは、今すぐにでも手に入れられるものだということです。ただ、そんなことはないと思い込んでいたり、その考え方を知らないだけです。実は幸福感というのは、すぐにでも得られるものなのです。

物質的な豊かさによって得られた心の豊かさは、物質的な豊かさに陰りが見え始めると、すぐにしぼんでしまいます。

物質的な豊かさを得られるようになるためには、時間がかかる場合が多いでしょう。もしかしたら、かなりの苦労を伴うかもしれません。

しかし、心の豊かさはすぐにでも得ることができます。そして、心の豊かさが得られれば、物質的な豊かさも自然に追い付いてきます。

ですから、物質的な豊かさと心の豊かさの、どちらから先に手に入れればいいのかといえば、明らかに心の豊かさが優先するのです。

2. 物質的な豊かさだけでは渇望感が消えない

物資的な豊かさは心の豊かさよりも先に手に入れるものと思われがちですが、実は逆だとお話ししました。しかも物質的な豊かさには、持続性がありません。

欲しい物が手に入ると、そのときはうれしくて、欲求が満たされたという満足感を得られますが、すぐにその状態に慣れたり飽きたりします。そしてまた、新しい物が欲しくなります。

しかも、私たちのまわりには、その欲求を刺激することに長けた商売人たちが溢れるほどに存在します。彼らは、人々の物質的欲求を刺激する新しいデザイン、新しい機能、新しい流行、新しいライフスタイルなどを次々と提供してきます。

その結果、まだ傷んでもなく十分に着られる服をたくさん持っているにもかかわらず、新しい服が欲しくなります。まだ十分に使えるスペックのスマートフォンを持っているのに、もう新機種が欲しくてたまらない、といった具合です。

そして、お金についてはすでに触れた通り、いくら稼いでももう十分だと満足することがありません。

つまり物質的な豊かさは、それを得れば得るほど、さらなる渇望感を生み出すのです。

そのため、物質的な豊かさが、必ずしも心の豊かさをもたらすとは限りません。

一方、心の豊かさは自分の考え方次第ですぐにでも手に入ります。しかも、いったん満たす考え方が分かれば、たとえ落ち込んだとしても、またすぐに満たすことができます。

3．人は明るさや楽しさ、優しさを浴びたがる

いつも明るく楽しそうにしている人、笑顔でいる人、優しくて思いやりのある人のまわりには人が集まります。人が集まりますから、情報やさまざまな機会も集まります。

一方、ムスッとしている人や不機嫌そうな人、イライラしている人、不平不満ばかり言っている人のまわりには、人が集まりません。せいぜい同じような不平不満を持っている人たちが引き寄せ合って集まるだけで、そのような人たちからは良い情報や良い機会は得られません。

その結果、前者には良い出来事が起きやすくなりますが、後者には何も起きないか、悪い出来事が起きやすくなります。

私が登壇するセミナーでも「そんなことは知ってますよ」と人をばかにしたような態度を示す人や、ムスッとして何が不満なのだろうと思わせるような表情や態度の人に対しては、こちらから話しかけるのはかなり抵抗があります。

一方、明るく挨拶してくださる人や笑顔でうなずいて講演を聞いてくださる人には「い

かがでしたか？　分かりにくいところはありませんでしたか？」などと話しかけやすいのです。

人は明るい人、思いやりのある人のもとに集まりたがる性質を持っています。私はこの傾向を「人間浴」と呼んでいます。

すなわち、日光浴をするように、人の明るさや楽しさ、優しさなどを浴びたくなるのです。浴びることで、元気になって、良い事を引き寄せるエネルギーを得られるのです。

また、笑っているときは、マイナス思考・感情にブロックされないので良いアイデア、直観、ひらめきなどが得やすくなります。

4．マイナス思考・感情のブロックがなければ「大いなる意識」とつながれる

このような笑いの効果は、会議などにも当てはまります。

企画会議などで会議室に集まった人たちが、かしこまって堅苦しい雰囲気の状態にあると、良いアイデアや企画などは出てきません。義務的に無理やりひねり出したようなつまらないものばかりが出てきます。それどころか、せっかく出てきたアイデアに対しても、現実的には無理だなどという否定的な意見も出やすくなってしまいます。

一方、和やかな雰囲気で、進行役も冗談を交えながらリードし、参加者が皆リラックス

して楽しく笑いのある会議だと、次々と面白いアイデアが出てくることがあります。

私も今までたくさんの会議に出席してきましたが、険しい顔をしている人から有益なアイデアが出てきたことは見たことがありません。

堅苦しい雰囲気でかしこまった状態のときには、豊かな知識やアイデアの宝庫である「大いなる意識」とつながれないので、良いアイデアを出すのは難しいと思います。

笑っているときはマイナス思考・感情のブロックが外れ「大いなる意識」とつながります。そのため、自分でも驚くほど面白いアイデアやひらめきが浮かんできます。

この驚きは、私に言わせれば当たり前のことです。なぜなら「大いなる意識」とは個人の意識ではなく、人類、生きとし生けるものが深い部分で共有している意識だからです。ですから「これは私が思いついたのか？」と驚嘆するようなアイデアも出てきます。

深い層にある「大いなる意識」と表層にある顕在意識は、マイナス思考・感情にブロックされないとき、眠っているとき、笑っているときなどにつながっています。よって、楽しく笑いのある会議や眠りから覚めたときなどに、優れたアイデアやひらめきがポンと出ることがあるのです。（図表2）

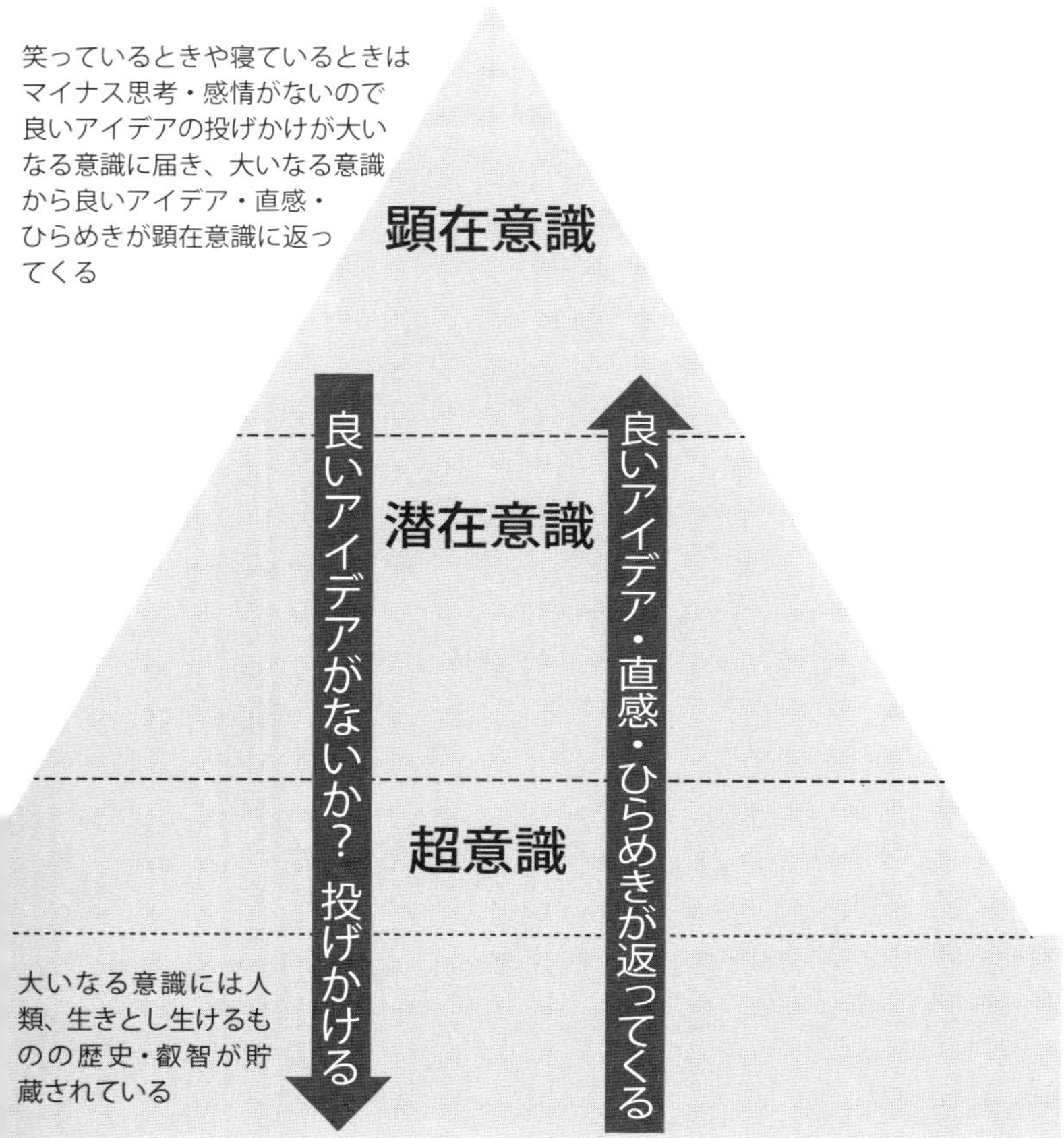

笑っているときや寝ているときは
マイナス思考・感情がないので
良いアイデアの投げかけが大い
なる意識に届き、大いなる意識
から良いアイデア・直感・
ひらめきが顕在意識に返っ
てくる

顕在意識

潜在意識

超意識

良いアイデアがないか？ 投げかける

良いアイデア・直感・ひらめきが返ってくる

大いなる意識には人
類、生きとし生けるも
のの歴史・叡智が貯
蔵されている

図表２　良いアイデアを思いつく仕組み

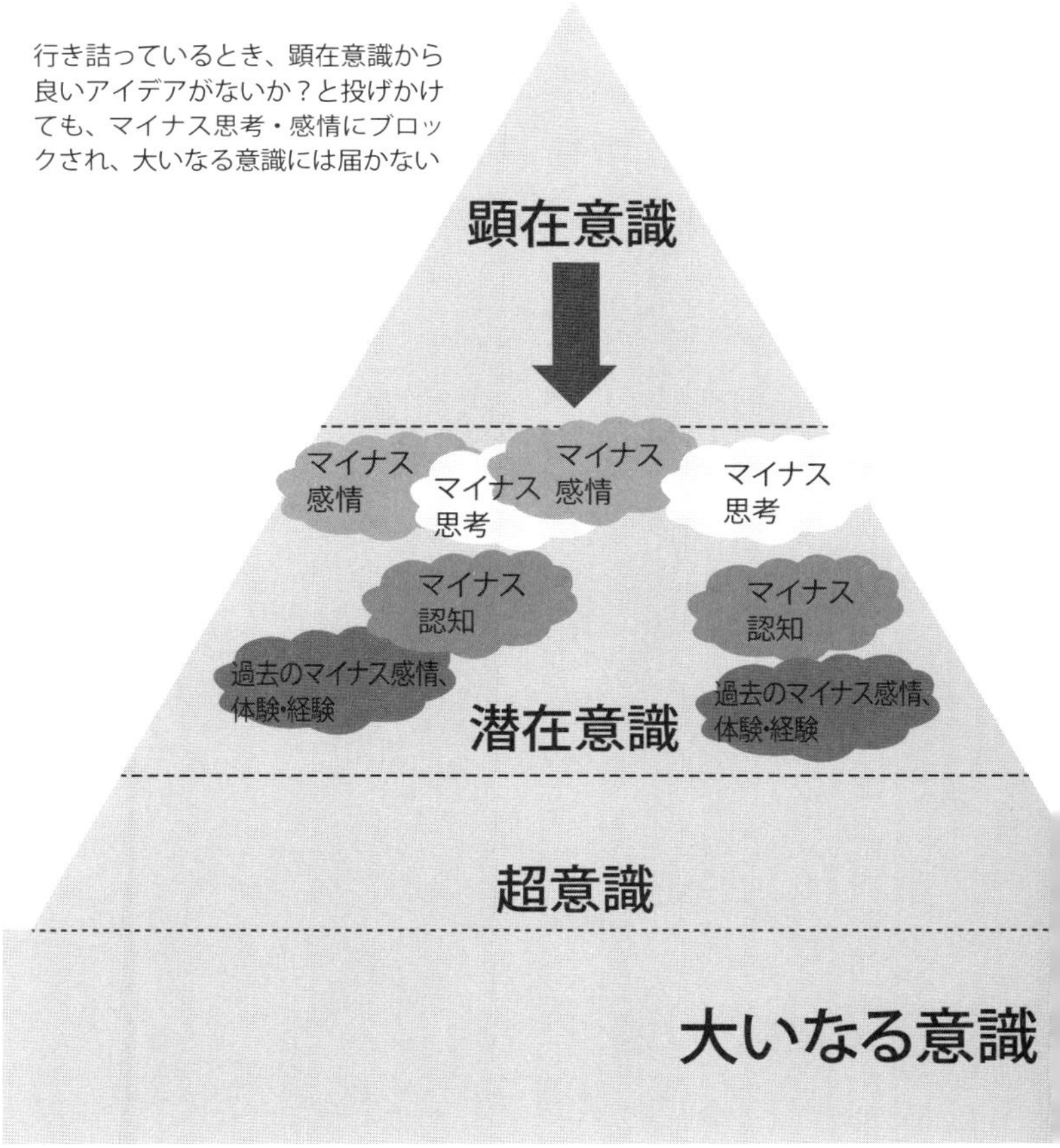

行き詰っているとき、顕在意識から良いアイデアがないか？と投げかけても、マイナス思考・感情にブロックされ、大いなる意識には届かない

顕在意識

マイナス感情
マイナス思考
マイナス感情
マイナス思考
マイナス認知
マイナス認知
過去のマイナス感情、体験・経験
過去のマイナス感情、体験・経験

潜在意識

超意識

大いなる意識

5. 自力の後に他力あり

明るい人、思いやりのある人から良いエネルギーを浴びても、そのままではいけません。良いエネルギーを浴びた自分がまずやる気を出して行動しなければ、良いことは起きないのです。何もしないで「良いことが起きないかな」と祈ったり、願ったりしても良いことは起きません。

何か嫌なことや悪いことがあっても不平・不満を言わず、明るく元気に頑張っている人には、その健気に頑張っている姿をまわりの人が見て、協力や応援を惜しみませんので、成功しやすくなります。

さらに、そんなに頑張っているなら何か新しい仕事を任せてみようかな？　というふうに上司や先輩も考え、チャンスをつかむこともできます。これが「自力の後に他力あり」です。

このことから、まだ十分に行動してもいないのに不平・不満を言う人には、まずは「最初のペダルを踏み出しなさい」とアドバイスします。

具体的には、とにかく自ら行動を起こすこと。自分を欺いてでも無理やり明るく元気に振る舞うこと。そうすると、まわりの人からの支援が得られ、成功しやすくなります。これが「自力の後に他力あり」です。

6. 惜しみなく与える上司と囲い込む上司

上司は大きく2タイプに分かれます。

一つは、自分の培ってきた仕事のノウハウやコツをどんどん部下に教え、褒めながら部下を伸ばしていくタイプ。

もう一つは、部下よりも優位でいるために、自分のノウハウを囲い込み、自分にしかできない仕事を手放さないようにして、社内での自分の立場を守ろうとするタイプ。あまり部下を褒めることがなく、きちんと指導しないわりに「なぜできないんだ?」と叱るタイプが多くいます。

さて、これら2タイプのうち、どちらがより出世し、収入を増やすことができるかというと、前者のタイプです。

前者のタイプの上司は自分のノウハウや経験による知見をオープンにして惜しみなく部下たちに教えますので、部下の成長が早くなります。すると、部下たちは早く成果を出せるようになりますし、上司にとっても自分と同じスキルを持った分身たちが活躍してくれるようなものですから、チームとしての実績も早く積み上がります。

その結果、上司の評価も上がり、さらなる出世や昇給が実現していきます。しかも、部下たちは丁寧な指導ぶりに感謝し、ますます協力的になってくれます。上司も、チームの成績を上げてくれる部下に感謝し、部下に手渡した仕事から解放された分、より高度な仕事やマネジメントに時間を取れるようになります。

一方、自分のノウハウや知見を自分だけのものとして囲い込んでしまう上司の部下は、手探りで仕事を覚えなければならないため、なかなか成果を出すことができません。このような上司に限って、ろくに仕事の仕方を教えていないにもかかわらず、部下の仕事ぶりを非難し、部下に恵まれないと不平・不満をこぼします。その結果、その理不尽さに付いていけずに辞めてしまう部下も出てきます。

このようなチームは成果を出せませんから、上司は評価されず、昇進も昇給も望めません。

7. 良い情報やチャンスは行動してこそ生かせる

この世界は、自分が投げかけたものが返ってくる世界ですから、幸せになりたいならプラスの思考・感情を投げかけなくてはなりません。

具体的には、日々の生活の中で、自分で自分の機嫌を取って、明るく振る舞い、プラスの思考・感情で過ごす。そして、周囲に対して役立つ情報を発信したり、喜んでもらえるようなことをしてあげたりします。すると、今度はまわりの人たちから、自分が必要としていた情報や人の紹介、チャンスなどが入ってくるようになります。

ただ、願いを叶えたいなら、良い情報や支援、チャンスなどを受け取ったら、すぐに行動に移さなければなりません。

ここで皆さんは、ひょっとすると「ああ、『引き寄せの法則』のことを言っているのだな」と思われたかもしれません。確かに、私がここで言いたいのは「引き寄せの法則」と呼ばれていることに非常に似ています。

しかし、似ている、というのは、全く同じではないということです。(図表3)

8. 「引き寄せの法則」に欠けていること

私は、ちまたで言われている「引き寄せの法則」はほぼ正しい、という立場です。

「ほぼ」というのは、単に「100%信じ、強く願えば叶う」「願いが叶ったことを実感できれば叶う」とは思っていないということです。

「引き寄せの法則」では、夢や願いが叶わないのは「100%信じられなかったから」「強く願わなかったから」「実感できなかったから」と回答しています。確かに夢・願いが叶うと信じられる、実感できる、強い思いがあるというのは、実現への可能性を左右しそうです。

図表３　引き寄せの法則

寝る前に夢・願いが叶ったことをイメージしてから寝ると、その夢・願いが顕在意識から大いなる意識に届けられ、その夢・願いを実現させるための直感・ひらめき・インスピレーションが大いなる意識から顕在意識に届けられる

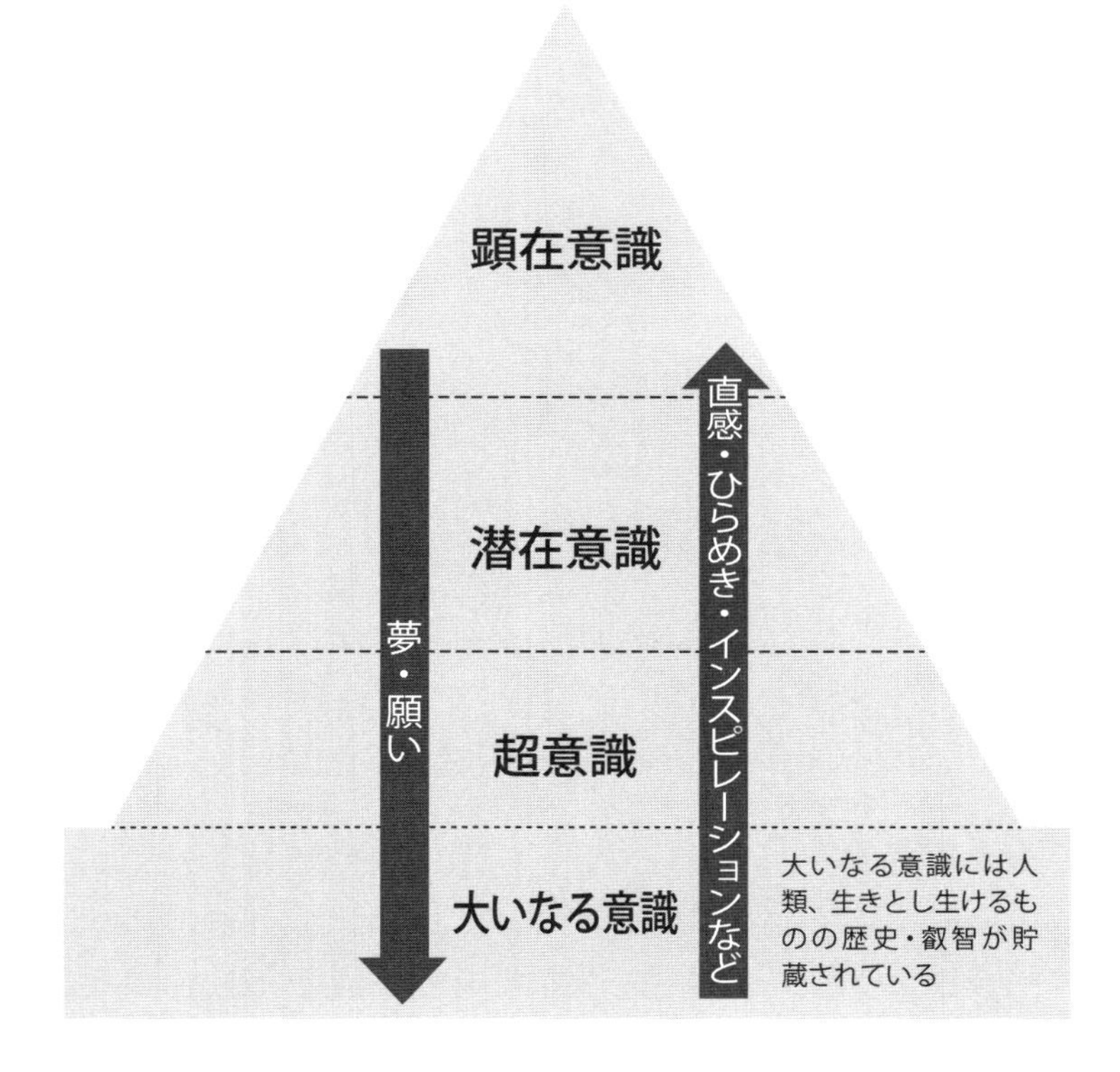

また「引き寄せの法則」では、現実と夢・願いとの間にギャップがあると、潜在意識から無理だろうという否定が入り、その無理と思う気持ちがそのまま叶ってしまうからだとも説明しています。それも実現への可能性に影響していそうです。

しかし、本当は「行動」がカギなのです。自分の夢や願いが「大いなる意識」に届けられ、そこから与えられる直感・ひらめき・アイデアなどをすぐに行動に移した人が自分の夢・願いを叶えられるのです。「引き寄せの法則」はあくまで、夢・願いを実現するヒントが与えられるだけ。そこに行動が伴っていなければ夢や願いを実現させることはできません。

ですから「引き寄せの法則」にあるように、願い事が叶ったのを毎晩寝る前にイメージすることは「大いなる意識」に投げかけるためには有効ですが、それに対して「大いなる意識」から何かが返ってきたら、それを受け取ってすぐに行動に移さなければ、夢・願いは叶えられません。

9. 全てのものには振動波がある

幸せになりたいなら、自分で自分の機嫌を取って、プラスの思考・感情でいることです。

人の心や体、あるいは物、言葉も含めて、世の中のあらゆるものは固有の周波数を持った振動波を発しています。そのため、プラスの振動にはプラスの振動が共鳴するようになっています。

言葉を交わしていなくても、相手の感情を感じ取ることができたり、ある場所に足を踏み入れた途端に、まださしたる情報を持っていなくても、その場の状況を瞬時に雰囲気として察することができたりするのは、この振動波を感じ取れたためです。よく「波長が合う人」といった言い方もしますが、これはお互いの振動波の周波数が近く、共鳴したということで、まさに「波長」です。

そして、プラスの精神状態でいると良いことが起こったり、良い情報、良い人たちと出会えたりするというのは、この共鳴により引き寄せられたということです。

私たちが暮らしている空間には、ラジオやテレビ、スマートフォンなどのために無数の電波が飛び交っています。私たちはそれらの電波を感じ取ったり直接受信することはできませんが、ラジオの周波数を合わせればちゃんとさまざまな周波数の番組を受信することができます。

同じように、私たちもプラスの振動波を発信すれば、プラスの出来事、良い情報、あるいはチャンスなどを受け取ることができます。

そのためにも、私たちは普段からプラスの言葉を使うことを心がけるべきです。言葉にもそれぞれプラス、マイナスの振動波があるからです。

プラスの言葉とは、ツイてる、大丈夫、できる、イケる、感謝してます、愛してるなどの言葉です。マイナスの言葉である不平、不満、愚痴、泣き言、悪口、文句などの言葉はできるだけ避けたほうがいいでしょう。

言葉を使って思考したり、たくさんの感情や情報を表現できるのは、人間だけです。そして、その言葉を意思によって使い分けできるのも、当然人間だけです。

10. 自分から投げかけてみる

そうはいっても、人には嫌いな上司や苦手な部下、顧客などはいるものです。明らかに自分にとってはマイナスだな、と思える人とは距離を置いたほうがいいのですが、会社の上司や部下などは、仕事上、関わらざるを得ません。

それならばいっそ、彼らとの関係もプラスの関係にしてしまったほうがいいでしょう。その方法は簡単です。まずは自分からプラスの投げかけをしてみるのです。

よく「人間関係を良くしたいなら、Give & Take ではなく Give & Give ぐらいの気持ちで接するべきだ」と言われます。そして多くの人が、この主張に共感します。

しかし、現実には全くできていません。多くの人が、相手から得ることばかり期待し、まずは相手から行動してくるのを待つ、という姿勢になっています。Give & Giveというのは、よほど心してかからないと実践できないことなのです。

ですから、まずは簡単な（といってもこれすらなかなかできませんが）ことから始めてみましょう。

自分から笑顔で挨拶する。実はこれがかなり難しいですね。特に相手が部下であったり後輩であったりすると、相手から挨拶すべきだというプライドがあります。しかし、これを突破すると、あとは楽になります。

あとは、何かしてもらったら感謝の言葉をはっきり述べる。評価すべき行動をしたり成果を出したらきちんと褒める。疲れたり落ち込んだりしているようであれば、元気づけたり勇気づけたりする。自分の知っているノウハウや経験など、相手にとって有益な情報を与えたり、人を紹介したりする、などです。

ただし、人を紹介するときは、紹介された人同士のいずれにも不利益とならないよう、慎重さが必要です。そして、相手が実現させたい夢を持っていれば、その夢をサポートできるような情報提供や行動を取ってあげるのです。

このようなことができて初めて「Give & Giveが実践できた」と言えます。そしてGive & Giveを実践すると、何かしらのかたちで見返りがあります。相手から直接返ってくるとは限りません。むしろ、全く予想していなかった誰かから、思わぬかたちで返ってくることのほうが多いかもしれません。

そのため、どれがどの行為に対する見返りなのか分からないことも多いはず。ただ、いつの間にか「ツイてる」ような状態になってきます。

11. 当たり前だと思っている人間関係こそ大切に

「Give & Give」は自分から始めるべきだということは、夫婦の間でも同じです。

昔はお互いに気遣い合うことができていたのに、長い間共に暮らしていると、一緒にいることが当たり前になってしまいます。その結果、何でも相手からしてくれるものだとあてにするようになり、気遣い合うこともなくなってきます。その結果、愛情も冷めてしまうのです。

このようなときこそ、先手必勝だと考えてください。自分からGive & Giveを実践するのです。誕生日や結婚記念日に、ちょっとしたサプライズを用意してあげる。それは、いつもより高価なプレゼントであったり、感謝の手紙を添えたりすることでもいいでしょう。あるいは、特別な日でなくても、思い立ったらちょっと贅沢な食事に連れ出したり、旅行に出かけるのもいいでしょう。

第1章 第2章 第3章 第4章 第5章 第6章 第7章 第8章 第9章 第10章 第11章 第12章

相手からしてくれることを当たり前だとは考えずに、まずは本書を読まれた方が自分から実践してみてください。

この方法は、夫婦間だけでなく、パートナーや友人、仕事仲間にも使えます。当たり前だと思っている人間関係にこそGive & Giveを実践すると良いことが起こるでしょう。

12. 付き合う相手のレベルを上げる

人は日頃の交友関係に、自分に見合ったちょうどいいレベルの人を集めます。レベルとは、知識や教養、人格、経済力、社会的地位、趣味などです。俗に「類は友を呼ぶ」と言いますよね。

ですから、この交友相手は、実はあなた自身のレベルを映し出す鏡であり、あなたのレベルを決めている領域でもあります。したがって、あなた自身がどのような人かを知りたいのであれば、普段交友関係のある人たちを思い浮かべればいいでしょう。

中国・戦国時代末の思想家の荀子(じゅんし)の言葉に「其の子を知らざれば其の友を視よ」があります。これはその人の友人を見ればその人のことも分かるという意味ですね。

逆に言えば、あなた自身のレベルを高めたいと思うのであれば、交友相手のレベルを上げてしまえばいいのです。

普段お酒を飲みに行くときに気の合う同僚とばかり行っていると、結局は会社や上司の愚痴を言い合って溜飲を下げて終わりかもしれません。しかし、ここで少々頑張って、居心地が悪くても仕事ができると評判の先輩や上司と飲みに行くようにすれば、これまで気付かなかった仕事や生き方に対する考え方を知ることができるはずです。

あるいは、現在は疎遠になっているかもしれませんが、まだ会うことができる知り合いの中でビジネスで成功したり、特定のジャンルで有名になったりした人と食事に行ってみるのもいいでしょう。そこでも、これまで気付かなかった暮らしぶりや人生観、あるいはより豊かな暮らしぶりといったものに触れることができるはず。もっとダイレクトに、自分の飛躍のチャンスとなる情報や人脈を得られるかもしれません。

私の部下たちの中でも、頑張って上司である私と飲みに行ったり食事に行くと、必ず仕事で成績を伸ばして昇給や出世を加速させています。

自分が成長し、ステージが上がっていくと、今までまわりにいた人と振動波が合わなくなるので疎遠になっていきます。

これから素敵なパートナーと出会いたいという人は、今すぐそういう人にアプローチするのではなく、まず自分を成長させ、自分のステージを上げてから自分の振動波に合った人を探す、あるいは引き寄せ、付き合うほうが幸せになれます。焦らないことです。

◆第3章　まとめ◆

- 物質的な豊かさを得てから心の豊かさを得るのではなく、心の豊かさを得れば物質的な豊かさも得られる。
- 物質的な豊かさだけでは渇望感は消えない。
- 人は明るい人や思いやりのある人のところに集まる「人間浴」が好き。
- 笑ったり、寝ているとき、つまりマイナス思考・感情の邪魔が入らないとき「大いなる意識」から知恵やアイデアを受け取れる。
- 自分の経験やノウハウを惜しみなく部下に与える上司はさらに出世する。
- 良い情報やチャンスは、受け取った後にすぐ行動してこそ価値がある。
- プラスの振動波には、プラスの振動波が共鳴して、良い出来事、良い情報、良い出会いなどを引き寄せる。
- 人間関係を良くするためには、まず自分からGive & Giveを実践する。
- 交友関係の相手のレベルを上げると、自分のレベルも上がる。

第4章

「引き寄せの法則」の誤解

1.「引き寄せの法則」が作動する条件

もう少し「引き寄せの法則」について説明します。書店に行くと「引き寄せの法則」関係の本がたくさん並んでいますし、Amazonのランキングにもたびたび登場していますので、このテーマの本は実際によく売れているようです。

私は「引き寄せの法則」を活用することはできると考えていますが、多くの本に書かれているような「強く具体的に願えば叶う」「１００％願いが叶ったことを確信できれば叶う」「願いが叶ったことを実感できれば叶う」といったかたちでの実現はあり得ない、と考えています。

まず「引き寄せの法則」は2つあると考えてください。

1つは、生活の中でプラスの思考・感情でいたり、プラスの言葉を発することで自然にプラスの出来事、良い情報・人脈などを引き寄せること。もう1つは、寝ているときや笑っているときなど、「今、ここ」に意識が置かれているとき、生きとし生けるものの意識が共有されている大いなる意識とつながり、夢・願いを実現できる直感・ひらめき・アイデアなどを得られるということ。

そして、これらを引き寄せられたら、夢・願い実現のために自らすかさず行動すると願いが叶うというのが本当の「引き寄せの法則」なのです。

例えば家を買いたいと思ったとき。日頃からプラス思考・感情で過ごしたり、夜寝る前に理想の家を手に入れたことを確信し、具体的なイメージを実感してから寝ると、突然、知り合いから良い物件を紹介されたり、たまたま思い立って買った住宅情報誌や目に留まった不動産屋に寄ると、理想の物件が見つかるということが起こります。

このように「引き寄せられた」良い情報や人脈、あるいはチャンスを逃さないように実際に行動に移せた人は、着実に夢・願いが実現するゴールに近づいていきます。これが「引き寄せの法則」です。

2. 「引き寄せの法則」の誤解

ところが多くの「引き寄せの法則」は、自ら行動することがすっぽり抜け落ちてしまっています。極端な他力本願になっているのです。

そこで語られているのは、夢が叶った姿を強く明確にイメージし、100%夢が叶うと確信して、それが叶ったことを実感できれば、その夢は実現するというものです。

しかし、これは誤解だと私は思います。冷静に考えてみれば分かります。

まず、ほとんどの人が、夢が叶うことを100%確信できません。どれだけ強く願っても、現実とのギャップがあると潜在意識からの否定が入ります。

現在コンビニエンスストアでアルバイトをすることで生活している人が「私はベンツを買うことができる！」とどれほど強く念じたりイメージしても、潜在意識から「お前に買えるわけがない！」「絶対に無理！」というような否定が入ります。

ちなみに、願いが叶わないのは、自分で無理だろうと思っていたその思いがそのまま実現している。だから「引き寄せの法則」は絶対なんだ！　と言う人がいます。

しかし、願いが叶わないかも？　と思っていた人でも、少しは願いが叶うかも？　とは思っていたはずで、１００％の否定はしていなかったはずですから、それで願いが叶わなかったというのはおかしな話だと思うのです。

3. 行動が伴ってこそ「引き寄せの法則」は作動する

大切なところですのでもう一度お伝えしますが「引き寄せの法則」が実現するのは、自ら行動したときです。

確かに、プラス思考・感情でいたり、プラス言葉を発していれば、プラスの出来事を引き寄せます。また、寝ているときや笑っているときなど、意識が「今、ここ」に置かれていれば、大いなる意識とつながり、素晴らしいひらめきやアイデアが得られます。つまり、願いや夢を叶えるための糸口が提供されたりお膳立てが整ったりするのです。

ただ、ここでボーッとしていては何も起きません。せっかくこれらの糸口やお膳立てがそろっても「なんだか願いが叶いそうだ。きっと引き寄せが起こるに違いない」と他力本願の姿勢のまま何もしないでいると、せっかく得たものが無駄になってしまいます。

やはりここからは、チャンスを逃さない行動力が必要になってきます。

4．心の豊かさは考え方で100％決まる

よく「衣食足りて礼節を知る」と言います。これは、人は物資的な豊かさを得ることができて、初めて礼節を重んじる心の余裕を持つことができるという意味です。

確かに、ビジネスで成功を収めて十二分に富を得た人が、社会貢献や慈善活動を始めるということはよくあることですし、良いことだと思います。

そして、一般的な会社員でも、日常生活にゆとりを持てれば、あるいはもう少し贅沢な暮らしができれば、今よりももっと心が豊かになるに違いない、と思われているかもしれません。そしてそのことも、私は否定しません。確かに物資的な豊かさを得ることで、心の豊かさを得られることはあります。

しかし、実は、この逆が正しいのです。つまり、心の豊かさを得ることで物質的豊かさ

が追い付いてくるということです。

多くの人が、まずは物質的に豊かになれなければ心が豊かになることはないと思い込んでいますが、物質的に豊かになることはそう簡単ではありません。時間もかかります。

ところが、心を豊かにすることは、今すぐにでもできます。自身の考え方を変えるだけでいいからです。自身の過去に起きた悪い出来事、現在起きている悪い出来事、これから起きそうな悪い出来事を、マイナスではなくプラスに捉える考え方を身に付けることです。

それではプラスに捉えるとはどういうことでしょうか。

今、目の前にコップがあるとします。そのコップの半分の高さまで水が入っています。これをマイナスに捉える人は「コップに水が半分しか入っていない」と嘆きます。プラスに捉える人は「コップに水が半分も入っている、ラッキー！」と喜びます。そして、ありのままを見る±0の人は、コップの半分に水が入っているという状態を客観的に眺めます。

5. 人はボーッとしていると、マイナス思考・感情になる

ところで人には、よほど楽天的な人でない限り、気を付けないとマイナスの思考や感情を持ちやすい傾向があると思います。

特に暇なときやボーッとしているときほど、悪いことを考えたり思い出したりするもの

です。過去の失敗を思い出して悔やんでみたり、つらい環境にいたことを思い出してぞっとしたり、これから起きるかもしれない悪いことを想像して不安になったりするのです。

忙しくてバタバタしているときには、そのようなことを考えている暇がありませんが、隙があれば、マイナスの思考や感情が、頭や心を満たそうとします。

人は、そういう生き物なのです。暇なときにニコニコしている人は圧倒的に少数派です。あるいは、たまたま良いことがあった直後かもしれません。言われてみればそうだなぁ、と思いませんでしたか？

このように、ついマイナス思考をしてしまう人には、マイナス思考をするように刷り込みがなされています。いつ誰に刷り込まれたかは後ほど解説しますが、その強烈な刷り込みのために、潜在意識がマイナスの考え方で満たされてしまっています。これを変えなければなりません。

潜在意識の怖さは、私たちの思考や感情に与える影響の大きさです。これは私の印象ですが、顕在意識が私たちの思考や感情に与える影響が1だとすると、潜在意識の影響力は100万倍はあるだろうと思います。それほど、私たちは潜在意識に支配されています。

ですから、多くの人が潜在意識にマイナスの考え方が刷り込まれていることはとても怖いことです。しかもやっかいなことに、私たちは直接潜在意識を変えることができません。

顕在意識から働きかけるしかないのです。

その方法をお伝えする前に、まずはマイナスの考え方がどのようにして刷り込まれてしまったのかを知っておきましょう。

6. 潜在意識にマイナスの考え方を刷り込んだのは誰か？

私たちの潜在意識にマイナスの考え方を刷り込んだ犯人は何人もいます。まず母親、そして父親、親戚、学校の先生、世間の大人たち、そして社会人になってからは会社の先輩や上司です。

特に最も刷り込まれやすい子どもの時期に一番長く一緒にいた親の影響は強烈です。とりわけ母親の影響はすさまじいものがあります。

皆さんは、好きか嫌いかに関係なく自分の母親からかなり大きな影響を受けています。ご自身ではそんなことはない、と否定されるかもしれませんが、多くの人が母親の考え方を受け継いでいます。

常にねたみやひがみの感情を持ちやすい母親の子は、やはりねたみやすくひがみやすい性格になっています。一度でも失敗すると、もう何もかもダメだと捉えてしまう母親の子どもは、同じように悲観的な性格になっています。そしてその母親の考え方は、祖母から刷り込まれていますので、皆さんの潜在意識は、実は代々受け継がれてきた考え方の刷り込みによって支配されています。

そして「まっとうな暮らしをするためには、嫌なことも我慢して苦労しながら働くしかないんだよ。好きなことで儲けるとか、楽しいことで成功するなんてことはないんだからね」と刷り込まれていきます。それも長い時間をかけて強烈に刷り込まれていきます。

学校に行けば、先生から「一生懸命勉強して、良い大学に入れなければ良い会社にも就職できず、幸せになれない。ダメな大人になる」と言われ、まわりの人たちと一緒じゃないと批判されます。

社会に出れば、会社の先輩や上司からは「仕事っていうのはそんなに甘いもんじゃない」「そんな楽して儲かるわけないだろう」などと刷り込まれていきます。

その結果が、現在の私たちです。私たちは、幼い頃からたくさんのドリームキラーに囲まれて洗脳されながら育ってきたといえます。

このことに気付けば、今の自分の考え方を変えなければ幸せになれないと気付くでしょう。

7．「マイナス認知」のタイプを知るだけで改善される

このように、多くの人が潜在意識に刷り込まれたマイナスの考え方に気付かないままの状態にあります。その結果、無意識にマイナスの思考・感情になってしまうのです。

ところが、このマイナスの考え方を顕在意識で自覚することができれば、それだけで70％程度の改善ができます。気付くだけでいいのです。その結果、思考・感情も良くなっていきます。（図表4）

これは、自分の潜在意識のマイナスの考え方に気付くと「あ、これはまずいな」と自己嫌悪し、改善しようと思うからです。自己嫌悪するだけで改善していきます。

私はコンサルティングの現場で、経営者のカウンセリングをするとき、いかにマイナスの考え方をして、悪い状況を作ってしまっているかを認識していただくために「認知の歪み（マイナス認知）」の10タイプを覚えていただいています。

「認知の歪み」とは、精神科医アーロン・ベックが基礎を築き、彼の弟子のデビッド・D・バーンズが引き継いだ考え方のパターンの分類で、次の10タイプがあります。

図表4　マイナス認知の改善

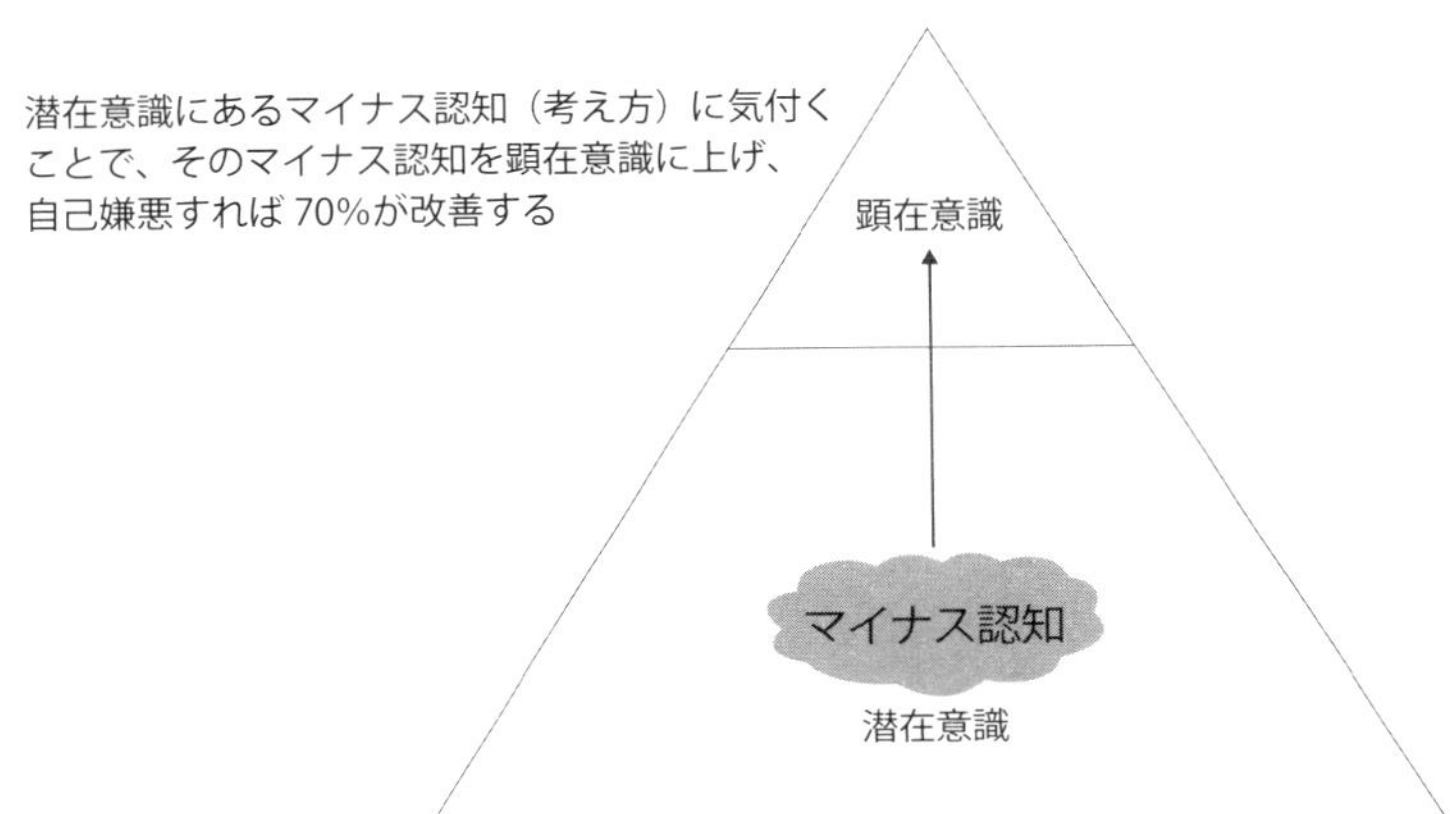

①全か無か思考
②一般化のしすぎ
③心のフィルター
④マイナス化思考
⑤結論の飛躍
⑥拡大解釈（破滅化）と過小解釈
⑦感情的決めつけ
⑧すべき思考
⑨レッテル貼り
⑩個人化

それぞれについて、簡単に説明します。

①全か無か思考

物事を全て2つに分けてしまうことです。白か黒、善か悪、成功か失敗、好きか嫌いなど、常にどちらかに決めつけてしまい、間のグレーゾーンがありません。この性向は、特に境界性パーソナリティー障害の人に見られます。

②一般化のしすぎ

一つの事例で全てが同様だと一般化してしまうこと。たまたま機嫌が悪かったか、体調が優れなかったのかもしれない相手が、自分に対して素っ気ない態度を示したことを見て、自分は相手から嫌われているに違いない、と決めつけてしまうようなことです。

③心のフィルター

それが全体に対して大した割合を占めていないのに、悪いほうに注意が向いてしまうことです。面接で5つの質問のうち3つに答えられても、2つの質問でうまく答えられなかったとき、うまくいった3問のことは評価せず、失敗した2問に意識が集中して「もうダメだ」と思ってしまうようなことです。

④マイナス化思考

悪いことを優先的に正当化してしまう考え方です。例えば、物事がうまくいっていたのに、うまくいかなくなると「やっぱりたまたま良かっただけで、本当はダメなんだ」と悪いほうが正常だと考えてしまいます。

⑤結論の飛躍

大した根拠もないのにマイナスの結論を出してしまう考え方です。意中の異性と楽しく話をしているときに、一瞬相手が目を反らして不快そうな表情をしただけで「もうダメだ、きっと自分を嫌いになったに違いない」と一気に悪い結論を出してしまうことなどです。

また、クライアントとの交渉で、相手が「この点だけが気になる」などと一部を気にかけただけであるにもかかわらず「この交渉は失敗するに違いない」と悪い将来が来ることを決めつけてしまいます。

⑥拡大解釈（破滅化）と過小解釈

失敗や弱点、リスクについては現実よりも過大に考える一方、成功や強み、可能性については過小に評価してしまうことです。

⑦感情的決めつけ

客観的な現実や情報を与えられても、自分の感情的な判断による結論のみを正しいと決めつけてしまうことです。

⑧すべき思考

自分でも他人でも置かれた状況に関係なく「こうすべき」「こうすべきでない」などと決めつけてしまうことです。

⑨レッテル貼り

前述の「一般化のしすぎ」が深刻化した状態です。たまたまその人の能力や行動以外の原因によって失敗したかもしれないのに、その人が原因だと決めつけ「能力のない人物」とレッテル貼りをしてしまうことです。これは、他人だけでなく、自分に対しても行ってしまいます。

⑩個人化

客観的に考えれば、自分に責任がない、どうにもできなかった出来事に対してさえ、自分のせいだと決めつけてしまうことです。例えば、自分の子どもが遊びに行って、近くで遊んでいた子どもたちのサッカーボールにぶつかって転んだとき「自分さえ見ていれば」と自分の責任にしてしまいます。

いかがでしょうか。案外と自分にも覚えのある「認知の歪み」がありませんでしたか？自分の「認知の歪み」を知り、該当するタイプがないかどうかを顧みて「あ、これは私のことだ」と気付き、自己嫌悪すれば、認知の歪みの70％は改善されていきます。これは認知療法といって厚生労働省も認めているエビデンスのある手法で、心療内科でも使われています。

ただ、実際には時間をかけて診療しなければならなかったり、患者が実践することが難しいため、薬物療法を行っているクリニックが多いのが実情です。

◆第4章　まとめ◆

・強く具体的に願ったり、願いが叶うことを確信し、実感するだけでは夢や願い事は実現しない。「引き寄せの法則」は、自ら行動する人にのみ作動する。
・「衣食足りて礼節を知る」は必ずしも正しくない。幸せになる順番は心の豊かさが先で、物質的な豊かさは後から付いてくる。
・私たちは、ドリームキラーに囲まれて育ったことを知る。
・自分の「認知の歪み」のタイプを知り、自己嫌悪すれば、認知の歪みの70％が改善していき、思考・感情も良くなっていく。

第5章

心って何だろう？

図表5　脳の構造

脳は脳幹、大脳辺縁系、大脳新皮質の三層構造から成っており、人が思考するのは大脳新皮質の前頭葉。感情が発生するのは大脳辺縁系

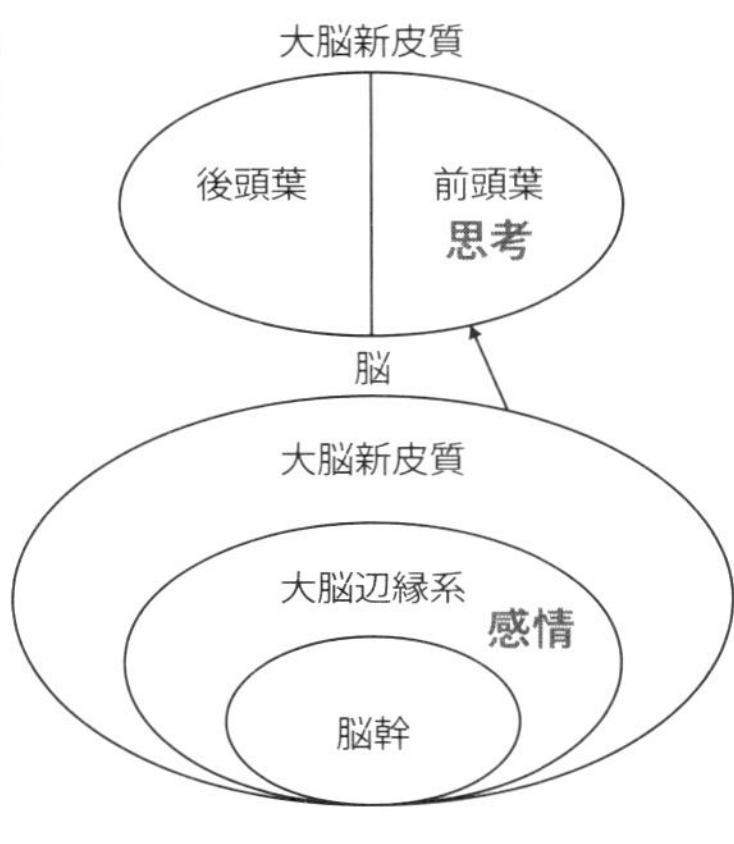

1．人の構成要素

私は、人の構成要素を大きく3つに分けています。それは、体・心・魂です。このうち体は分かりやすいですが、心と魂は分かりにくいですよね。

心というのは、体のように肉体として目に見えて、手で触れることのできないもの――「認知（考え方）、思考、感情」です。これらに体を動かす働きがあります。

もう少し心を捉えやすくするには、いつ心が動くかを考えると分かりやすくなります。それは、起きた出来事を五感で捉えた後です。

何か出来事が起きると、まずはそれを五感で捉え、心が動きます。つまり、捉えた後、認知を通して対応の仕方を思考し、それが快か不快かという感情をもたらします。そして行動します。

第1章
第2章
第3章
第4章
第5章
第6章
第7章
第8章
第9章
第10章
第11章
第12章

図表6　心とは

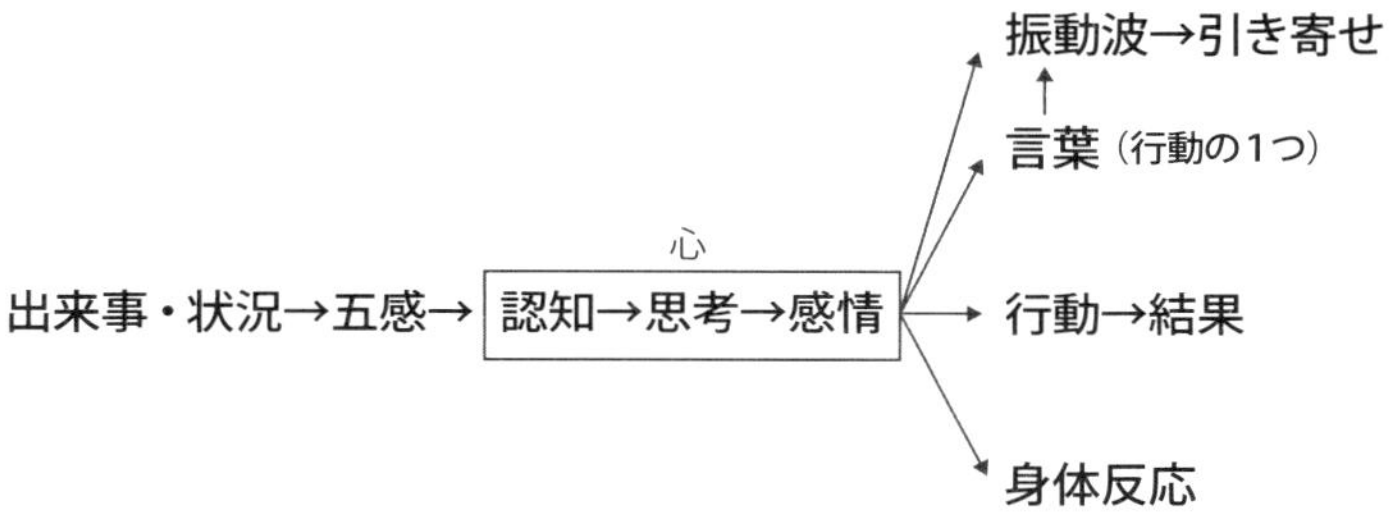

出来事・状況→五感→ 心[認知→思考→感情] → 振動波→引き寄せ / ↑ 言葉（行動の1つ） / 行動→結果 / 身体反応

そして魂とは、その人の本質で真我とも呼ばれます。意識の層で言うと、顕在意識↓潜在意識↓超意識↓大いなる意識の中の超意識が魂です。

大いなる意識は人類、この世の全てのものをつないでいる、いわば生きとし生けるものが共有している意識ですが、その大いなる意識と直接つながっているのが超意識であり、魂。普段、自分と思っている自我を観察している存在が魂であり、真我であり、超意識です。

心である認知は潜在意識。思考は顕在意識の大脳新皮質の前頭葉。感情は顕在意識の大脳辺縁系と脺臓にあります（ただし、過去の感情は潜在意識にストックされています）。思考や感情は「今、自分は良くないことを考えているな」「愉快に感じているな」と観察することができます。（図表5）

そして、認知は思考・感情から自分が潜在意識にどんな考え方を持っていて、無意識に思考しているかを知ることができます。（図表6）

2. 心もトレーニングで鍛えられる

最近は、心療内科が繁盛していると聞きます。それほど心を病んでしまう人が多くなっているということでしょう。

しかし、心療内科に行く前に自分でもできる心の健康管理を心がけるべきです。体が鍛えられるように、心もトレーニングで鍛えることができます。

体を鍛えると筋肉が付き体型が変わるなどの変化が目に見えますが、心を鍛えてもその変化はすぐには分かりにくいかもしれません。

ただ、心が鍛えられると、不愉快な出来事や失望させられるような出来事が起きても、マイナスではなく±0かプラスに捉えられるようになっていきます。すぐにプラスに捉えられなくても、とりあえず±0で捉えられる段階になれば、物事を中立的かつ客観的、ありのままに見ることができ、必要以上に心が動揺することがなくなってきます。つまり、出来事をあるがままに受け止めることができるようになるのです。

そして心は体を動かす働きを持っていますから、心がプラスの状態なら、行動も体の状態もプラスになります。

もう少し分かりやすく言うと、気分が良ければ、積極的に行動できるということです。

行動力が出れば、前述した大いなる意識からのひらめき・アイデアをキャッチしたときに、すぐに対応できるようになります。言葉を発することも行動ですから、心がプラスの状態になれば、言動にもプラスになる言葉や表現が多くなってきます。

逆に、さまざまな出来事を心がマイナスで受け止めてしまうと、行動や体調もマイナスになります。落ち込んで仕事に集中できなくなったり、ミスが増えます。些細なことで緊張して体が震えたり、手に汗を握りやすくなったりするのです。自律神経が不安定になるので、肩や背中も凝りやすくなるでしょう。心身症になってしまうこともあります。

しかし、本書で紹介するエクササイズを行えば、心を鍛えることができます。

3. 心の仕組み

すでに触れましたが、心とは自分のまわりの出来事や状況に対応するために体を動かす機能です。

より具体的に言えば、認知を通して思考し、感情を生み出して、行動を促す機能です。特に認知とは独自の考え方や癖であり、俗に言うところの色眼鏡といった各人特有のフィルターの役目を果たしています。

以上は私がコンサルティングの現場で経営者をカウンセリングする際、より現実的だと思える心の定義ですが、心理学では少々異なっています。

心理学では認知が同時に思考であると捉えているケースがほとんどだと思います。しかし、実際にコンサルティングするときには、認知と思考を分けたほうが理解しやすくなりますし、実感もしやすくなります。

つまり、思考する前に、外部の状況は認知を通して判断されています。このとき、人は必ずしも客観的に、ありのままに外部の状況を捉えているわけではなく、必ず各人の独自のフィルター（偏見とも言います）を通して見ています。

人により持っている認知が違うため、同じ現象を見ても、人それぞれ思考することは違います。そしてその思考に基づいて感情が湧き起こります。

するとこの感情が行動に結びついたり、体に影響を与えます。さらに、その感情自身、あるいはそれを言葉で表現すると、そこから振動波が出て引き寄せが起こります。

図表6の囲み内が心の正体です。つまり、心を構成する認知という考え方を変えることで、世の中の見え方や思考、そして感情の持ち方が変わってきます。

考え方がプラスであれば思考・感情もプラスになり、行動・言葉・身体反応・振動波もプラスになり、良い引き寄せが起こります。

これが心を鍛えるということです。心が鍛えられていないと、それが身体反応に出ますから、プレッシャーに耐えられなければ緊張して体が硬直したり震えたり、あるいは手に汗握ったり顔が紅潮したりします。心拍数も上がるなど、ひどくなれば自律神経失調症になったり、倒れたりしてしまうかもしれません。あるいは行動や言葉として「死にたい」とまで追い詰められる人もいます。

ですから、同じ状況にあっても、認知の違いにより「死にたい」とまで追い詰められる人と「よし、乗り越えるぞ！」と闘志をみなぎらせる人の違いが出てくるのです。

4. 同じ出来事も認知の違いで受け止め方が異なってくる

認知の違いについて、もう少し分かりやすい例を紹介します。

AさんとBさんという同じ25歳の男性会社員がいたとします。上司から、クライアントに提出するための企画書の作成を命じられました。

二人とも精一杯努力して作成した企画書を同じ上司に提出。すると上司から「これでは文字ばかりでクライアントの読む気が失せてしまう。もっとグラフィカルな企画書にしてくれ。それからこの部分はエビデンスがあればもっと説得力が増すので入れておくように」という指摘を受けて、二人そろって企画書の修正を言い渡されます。

自分の外部で起きている状況は全く同じですが、AさんとBさんは認知の仕方が異なるため、心の持ちようが異なり、行動・身体反応も変わってきます。

Aさんは、第4章で「認知の歪み」として紹介した「一般化のしすぎ」タイプですので、次のようなマイナスの認知と思考・感情を持ち、行動しました。

「私は何度やっても絶対にまともな企画書が作れない。修正してもどうせ上司は認めてくれない」

そして、悔しさと情けなさで涙をこぼすのでした。

一方、Bさんは、次のようなプラスの認知と思考・感情を持ち、行動します。

「危ない危ない、危うく読みにくく説得力に欠ける企画書をクライアントに提出するところだった。上司にチェックしてもらって助かった。しかも具体的な指示までしてくれたのは、私に期待しているということに違いない！」

そして「よっしゃ！」と呟いて、企画書の修正に取りかかりました。

いかがでしょうか。皆さんはどちらのタイプですか？

Aさんは、潜在意識にマイナス認知があるため、無意識にマイナス思考・感情を持ちやすくなっており、行動もマイナスになっています。このままでは仕事で成果を出すことは難しい状態です。それどころか、一般化しすぎる傾向があるため、仕事に対する自信喪失が、他の仕事にも影響してしまいます。この場合は、自分の潜在意識にあるマイナス認知に気付くことで±0、プラスに改善する必要があります。

一方、Bさんはプラス認知でプラス思考・感情を持っているので、プラスの行動をしました。彼は、今後も前向きに仕事に取り組み、着実に成果を出していくでしょう。

5. マイナス認知のパターン

すでにデビッド・D・バーンズの「認知の歪み」の10タイプについて紹介しました。

①全か無か思考
②一般化のしすぎ
③心のフィルター
④マイナス化思考
⑤結論の飛躍
⑥拡大解釈（破滅化）と過小解釈
⑦感情的決めつけ
⑧すべき思考

⑨レッテル貼り
⑩個人化

このタイプ分けは心理学でも使われていますが、いろいろな場面で多少のアレンジをされながら活用されています。

そしてこの10タイプの中で、自分がどのタイプ（一つとは限りません）のマイナス認知を持っているかを知って、自己嫌悪するだけで、7割方は考え方が改善されていきます。

そこで、自分がどのタイプの認知の歪みを持っているか知っていただくために、私はクライアントに「マイナス認知改善シート（客観力）」に書き込みをしていただいています。

この表には左から「感情（％）、出来事・状況、自動思考、マイナス認知、改善思考・行動、結果（％）」を書き込む欄が設けられています。

一般的な認知療法では「出来事・状況」から書かせるのですが、私の経験上、人は「感情」から思い出したほうが書きやすいことに気付きましたので、この順序にしています。

「今日、何がありましたか？」と聞いてもなかなか思い出せませんが「今日、何か頭にきたことはありましたか？」とか「今日、悲しくなるようなことはありませんでしたか？」と聞くと、思い出すことが容易になります。人は、感情に対する記憶のほうが呼び出しやすいようです。

そして「感情（%）、出来事・状況、自動思考、マイナス認知、改善思考・行動、結果（%）」を順に書き込んでいくと「ああ、私はこのタイプのマイナス認知を持っているな」と自覚できます。

これは1週間も続ければ、ずいぶんと心のありようが変わってきますので、実践された皆さんは、自分の変わりようにひどく驚かれますね。

そして、10タイプのどんなタイプのマイナス認知を持っているか、と気付くたびに「ああ、嫌だなぁ」と自己嫌悪を感じるのですが、それが大切なことです。嫌だな、と感じたことは自然と直そうとするためです。

これは、鏡を見て、自分の顔の嫌なところ（例えば眉毛の形やまつげの短さ、目の下のクマ、ほおの弛みなど）に気付けば、自然と何とかしようと思うことと同じです。

つまり、自分の嫌な面を直視し、素直に「嫌だな」と思うことが重要です。その瞬間から改善が始まっていきます。

◆第5章　まとめ◆

- 体を鍛えることができるように、心もトレーニングで鍛えることができる。
- 認知とは出来事・状況の捉え方であり、認知をプラスにすれば、思考・感情もプラスになる。
- 認知により、思考・感情が変化するのが、心の仕組み。
- 人によって出来事の受け止め方が違うのは、持っている認知が異なるため。

第6章

心をマイナスから±0にする客観力

図表７　自己啓発と客観力・前進力の違い

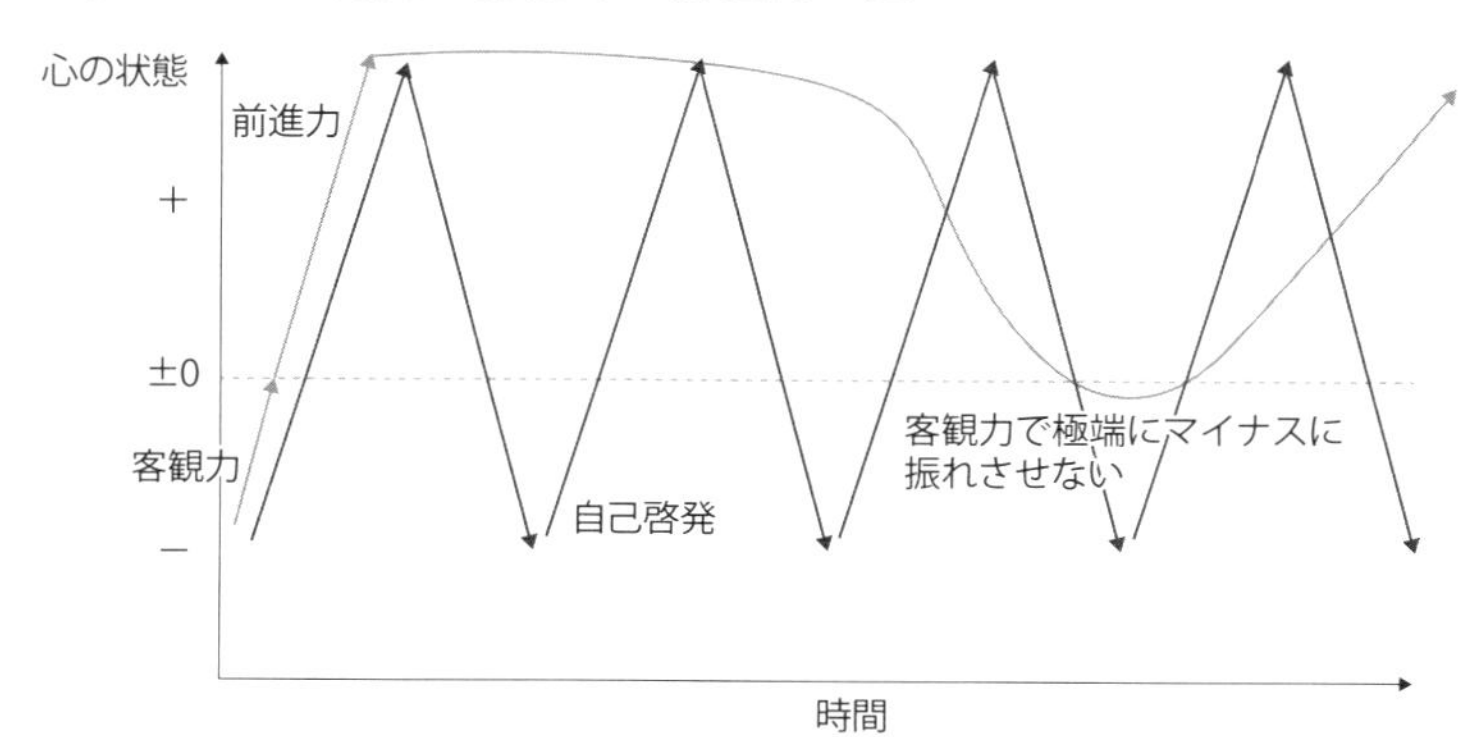

・自己啓発セミナー・本は心の状態が上がったり、下がったりを繰り返す
・客観力は心をマイナスから±0に変える
・前進力は心を±0からプラスに変える（前進力については第8〜11章で後述）
・心の状態が落ちたとしても客観力で極端にマイナスに振れさせない

1．心をマイナスから±0に変える

本書では「心をプラスに変える」といった表現をしていますが、これは自己啓発書やセミナーなどで「ポジティブシンキングになる」と言っていることと同じです。ただし、アプローチはかなり異なっています。

自己啓発セミナーでは、±0を飛び越え、心を一気にプラスに変えようとします。「とにかくポジティブシンキングになりなさい」と言います。

カリスマ講師の勢いに煽（あお）られて、会場にいる間は「おお、なんだかポジティブになってきたぞ！」と気分が高揚するのですが、会場を出てしばらくすると、つまり自宅や職場に戻って３日も経つと、再びセミナーに参加する以前の自分にだいたいの人が戻っているのです。

そして、自己啓発中毒ともいえる禁断症状が出て、再びセミナーに参加したり、本を買いあさったりするということを繰り返してしまいます。まるで、ジェットコースターに乗っているように、登ったかと思うと一気に下る、ということを繰り返すのです。（図表7）

2. 自己啓発セミナーの罠

自己啓発セミナーに参加しても日常に戻ると元のネガティブな自分に戻ってしまう理由は、セミナーではプラス思考（あるいはポジティブ思考）にひっくり返すことばかりを教えていて、マイナス思考・感情にならない方法を教えていないからです。要するにイケイケばかりなのです。

心は常に上がったり下がったりを繰り返していますが、この下がることを防ぐ方法を学ばないと、結局元の木阿弥となります。本書ですでに述べた表現を使えば「心を鍛え」ていないということです。

心を鍛えていれば、外部の出来事の捉え方が変わっていくので、以前なら落ち込んでしまうような出来事に直面しても、心が極端にマイナスに振れることを防ぐことができます。

怖いのは、表面的かつ一時的にポジティブになれたとしても、潜在意識に子どもの頃からへドロのように溜まっている過去のマイナス感情が、結局蓄積され続けてどこかで溢れ出してしまうということです。今、いくらポジティブ思考・感情になれたとしても、このように潜在意識にある過去のマイナス感情が突然顕在意識に浮かび上がってきて、苦しめられることがあります。

結局、一人ひとりが持っている潜在意識の過去のマイナス感情を客観的に見つめて、そのマイナスの力を弱める必要があります。

3. 気付きのエクササイズとは

心をプラスにするには、心が極端にマイナスに振れなくなる方法を知っておく必要があります。そのために本書では、客観力を身に付けてから前進力を身に付けていただく構成になっています。

客観力とは、気付きのエクササイズで思考・感情を±0にすることと「マイナス認知改善シート」で自分の「マイナス認知」のタイプに気付いて自己嫌悪し、改善することです。

それではここで、客観力を養う一つの方法である「気付きのエクササイズ」の方法を紹介します。ある種の瞑想法のようなものと考えてください。

結論を書くと「第二の視点」から自分の「思考・感情・体の感覚」を俯瞰して眺め、観察する、という方法です。少し抽象的で分かりにくいですよね。

実はこれからお伝えする気付きのエクササイズは、23万部超えのベストセラーとなった『怒らないこと』（サンガ新書）の著者でスリランカ出身の上座仏教シャム派の僧侶アルボムッレ・スマナサーラ氏の瞑想法をベースにして、私がコンサルティングの現場でカウンセリングする際、経営者向けにより実践しやすくアレンジしたものです。

昨今はやっているマインドフルネスでは、息を吸ったり、吐いたりするその呼吸を観察することを指導されますが、アルボムッレ・スマナサーラ氏の方法は、お腹の膨らみ・縮みを観察する方法です。私はこのように体を観察する方法のほうが分かりやすくやりやすいと思っています。

そして私なりにアレンジした方法を気付きのエクササイズと名付けています。

4. 気付きのエクササイズの効能

気付きのエクササイズにより、次の7つの効能が得られます。

①将来に対する不安、恐れが減る

人には暇なときやボーッとしているときに、不安や恐れを感じる傾向があります。そのようなときにこのエクササイズを行えば、自分が持っているマイナス思考・感情などを客観的に見ることができます。その結果、漠然とした将来への不安や恐れが減っていきます。

②過去の失敗・過ちに対する後悔や苦しみが減る

過去の失敗や過ちに対して抱いている後悔や苦しみといった感情を客観的に見ることができ、それらが減少していきます。

③冷静でいられる、達観できる、怒らなくなる

エクササイズにより「第二の視点（第三者の視点）」から自分を眺めている状態になるので、物事に動じなくなり、常に冷静でいられ、怒ることがなくなるか少なくなります。

④まわりの人たちとの関係が良くなる

気付きのエクササイズを続けると、感情的な言動がなくなるか減少するため、相手を不快にさせることがなくなります。

また、他人の欠点や心ない言動に対して、怒りを感じることがなくなるか減少します。これらの結果として、人間関係が良くなっていきます。

⑤集中力が増し、仕事がはかどる

人は仕事をしているときでも、さまざまな雑念を浮かべています。あのときああすればよかった、なんであの人はあんなことを言うのだろうなど、今考えても仕方がないことを考えたり思い出したりしているのです。

しかし、気付きのエクササイズで、さまざまな不安や怒りなどの感情が弱まり、妄想・雑念などの思考が減りますので、今、目の前にある仕事に集中することができます。私の体感では、仕事のスピードは3倍速ぐらいになります。

⑥気付きや直感、ひらめき、インスピレーションが湧きやすくなり、創造性が高まる

顕在意識にあるマイナス思考・感情のスモッグが薄れて、より深層にある大いなる意識とつながりやすくなり、直感やひらめき、インスピレーションが湧き上がってきやすくなります。

⑦体力の回復が早くなり、疲れづらく健康になる

通常、人は左脳中心の生活を送っています。左脳は思考を司り、左脳が主として働いているときは脳からベータ波が出ます。このベータ波はマイナスの感情を持ったときに周波数が高まり、心身のバランスが崩れて病気にかかりやすくなります。

しかし気付きのエクササイズを行うことで、左脳の働きを抑え、右脳が活性化し、バランスが整うことで、リラックスし、脳からアルファ波が出て疲れにくくなります。さらに免疫力も高まり、病気にかかりにくくなります。

いかがでしょうか。それではいよいよ、気付きのエクササイズに進みましょう。

5. 多くの人の呼吸が浅い

気付きのエクササイズの基本は腹式呼吸です。まず、気付きのエクササイズに入る前に腹式呼吸をできるようにします。

腹式呼吸と聞いて、なーんだ、と思われたかもしれません。多くの瞑想法や健康法などで取り上げられていますので、多くの人に知られた呼吸法です。

ところが、これを実践している人はごくまれです。恐らく腹式呼吸を行ったぐらいで何が変わるのか、と思われているのだと思います。

しかし、多くの人は呼吸がかなり浅い状態で生活しています。私はこのことを「皆さん、空気が全く足りていないので、もっと空気を食べてください」と言っています。

実際、私は30代のときにこの腹式呼吸の実践を始めましたが、これを実践していなければ恐らく仕事のハードさに潰されていただろうと思います。当時はそれほど心身共に大変な状態でした。

現在40代半ばに差し掛かっていますが、相変わらず出張が多く土日もセミナーを行うなどハードな日々を過ごしており、この歳で私ほど動けている人は同級生には見当たりません。これも、腹式呼吸のおかげです。それほど効果があります。したがって、たかが呼吸だと侮らずに実践して欲しいと思います。

あえて「腹式」と呼ばれているのは、多くの人が胸で呼吸をしているからです。お腹で吸って吐いてください、と言っても、やはり胸を膨らませ、縮めて呼吸してしまっています。

また、腹式呼吸にもいくつかのバリエーションがあります。鼻から吸って鼻から吐くという方式がありますが、私の場合はより楽にできる鼻から吸って口から吐くという方式を採用しています。それでは実際にやってみましょう。

6. 腹式呼吸でタフになる

まず、椅子に腰掛けて、背筋を伸ばし、楽にします。手は手のひらを上にし、ももの上に軽く乗せておきます。

そして、鼻から息をゆっくり吸っていきます。このとき、下腹部が膨らんでいくことを意識してください。

吸い切ったら、口から息をゆっくり吐き出します。息と一緒に体から余分な力も解放してください。このときは、下腹部が縮んでいくことを意識してください。

そして、吐き切る少し手前で脱力します。すると、自然に空気が入ってきますので、やはり鼻から下腹部を膨らませながら息を吸います。

これを繰り返します。繰り返していくうちに、副交感神経が働き始めますので、気持ちが落ち着き、リラックスしてきます。

このエクササイズを1回に10~15分程度行います。そして、1日に、最低でも朝起きたときと夜寝る前の2回は行ってください。

時間的に余裕のある人は、もっと回数を増やしてもらっても構いません。そのほうが効果が高まります。私の場合はプレゼンや講演の前に時間を見つけて実践しています。すると、必要以上に緊張して失敗するということが減ります。

実は瞑想や腹式呼吸のようなエクササイズは、多くの経営者が実践しています。特に大企業の経営者になると、社長室のさらに奥に、瞑想部屋のような別室を設けている人もいます。

日々困難な経営判断を下さなければならない経営者の方々は、こうした部屋で瞑想や腹式呼吸を実践することで、気持ちを落ち着かせ、いわゆる胆力を養っているのでしょう。

ところで実際にやってみると分かりますが、10～15分というのは思いのほか長く感じられる人もいるかもしれません。

しかし、試しに5分程度やっても、効果はあまり実感できません。ですから、試しでも最低10分、できれば15分くらい行ってみてください。効果を実感できるはずです。

私のように出張が多い人は、移動中の新幹線や飛行機の中で、あまり目立たないように実践してみると、たっぷり時間をかけることができます。これを実践するだけでも、リラックス効果があり、たび重なる出張にもめげないタフさが身に付きます。

次に、腹式呼吸の注意点を9点述べます。

①静かな場所を確保する

できるだけ静かでリラックスできる場所を選んでください。あまり雑音が多いところでは途切れ途切れになってしまい、集中できません。

前述の経営者たちのように、瞑想用の部屋を確保できれば理想的ですが、なかなか難しいと思いますので、できるだけ静かで集中できるところを探してみてください。

私は出張の際に電車や飛行機の中で実践していると書きましたが、実際、新幹線や飛行機の中は集中しやすい場所ですので、機会がありましたら試してみてください。

②姿勢を正す

腹式呼吸は、座って行います。椅子やソファに腰掛けて行ってください。

正しい姿勢のコツは、いったん腰（というより足の付け根）から上半身を前に30度倒し、10秒ほどしたら元に戻すことです。こうすることで、上半身が骨盤に正しく乗っかった感覚を得られます。

横から見たときに、背骨がS字を描き、頭のてっぺんから尾てい骨までが一直線になるようにしてください。特にストレートネックの人は、顎を引いて頭まで一直線になることを意識します。

また、頭のてっぺんから尾てい骨までが一直線になっている姿勢をイメージし、固定化すれば、正しい姿勢を維持できます。

ただ、姿勢が気になって仕方がないという人は、あえて姿勢を気にせずに始めてください。それでも、効果は得られます。

③意識を下腹部に

気付きのエクササイズの前に腹式呼吸をやっていただく目的は、お腹で呼吸できるようになっていただくためです。意識を下腹部に置くことにより、お腹で呼吸しやすくなります。

④手のひらを上に向ける

手のひらを上に向けているほうが、自然に腹式呼吸ができます。

⑤力を抜いてリラックスする

これは言葉の通り、力を抜き、リラックスしてください。

⑥目を閉じる

目を閉じたほうが下腹部の膨らみ、縮みに集中できます。終了時、ゆっくりと目を開けてください。

⑦胸で呼吸せず、腹で呼吸する

腹式呼吸のはずが、気付いたらいつもの癖で胸式の浅い呼吸になっていた、ということもありますから、必ずお腹で呼吸を行ってください。

胸式呼吸ですと、肺が横に広がろうとするため肩や胸、首の筋肉が硬くなり、浅く速い呼吸になりがちで、リラックスできません。すると、脳波がベータ波を維持してしまうので、マイナス感情が高まりやすく心身のバランスも崩れやすくなります。実際、怒っているときや慌てているとき、悲しんでいるときなどは、この速くて浅い呼吸になっています。

一方、腹式呼吸では横隔膜が上下するため、横隔膜付近に密集している自律神経がゆっくりと深く刺激され、副交感神経が優位になります。

その結果、リラックスできて脳波はアルファ波に変わります。アルファ波が出ているときは疲れが溜まりにくく、免疫力や抵抗力が高まりますので、病気にかかりにくくなります。

お腹で息を吸うときは、おへその下辺りに空気をためるイメージで行います。よくいわれるところの丹田ですね。

⑧呼吸の速さの目安

腹式呼吸では鼻から息を吸う時間を1とすると、口から吐き出す時間は2ぐらいの割合を意識してください。

呼吸の速さは、通常は1分間に15～20回ほどですが、腹式呼吸では、これを5回以下にするよう意識します。ちなみに私の場合は2～3回ほどです。

そして息を吐くときは、ろうそくの火を「ふーっ」と消すようなイメージで行います。そうすれば自然に腹式呼吸になっています。息は吐き切る少し手前で脱力すれば自然に空気が入ってきます。

⑨あまり頑張らない

腹式呼吸は1日に2回以上と書きましたが、難しいときは無理にやろうと思わないことです。

毎日の回数を決めて義務づけてしまうと、できなかったことで罪悪感やストレスが生じ、マイナス思考・感情になってしまいますから、ゆるい気持ちで実践してください。できないときは無理にやらないというのが、ストレスをためないで長く続けるコツです。

逆に、時間に余裕があるときは、いつもより長めにやってみて、効果の違いを確かめてみるといいでしょう。

前述した通り、気付きのエクササイズの前に腹式呼吸をする目的はお腹で呼吸できるようになるためです。要するに回数ではなく、自分がお腹で呼吸をできるようになるまで行えばいいです。

腹式呼吸ができるようになったら、いよいよ気付きのエクササイズへ進みます。

7．気付きのエクササイズの実践

先ほど、腹式呼吸の目的はお腹で呼吸ができるようになるためだと書きました。

一方、気付きのエクササイズはもう一歩進んで、時間軸でも空間軸でも意識を「今、ここ」に置くこと。そして、自分のマイナス思考・感情に気付いて±0にすることが目的です。これが、客観力の柱の一つになります。

それでは、意識を「今、ここ」に置くための気付きのエクササイズとはどのようなものでしょうか？　それは「第二の視点」を持つエクササイズです。（図表8）

図表8　気付きのエクササイズ

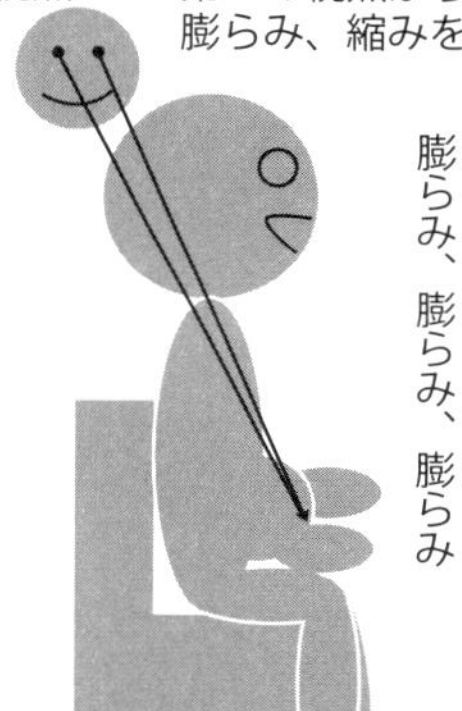

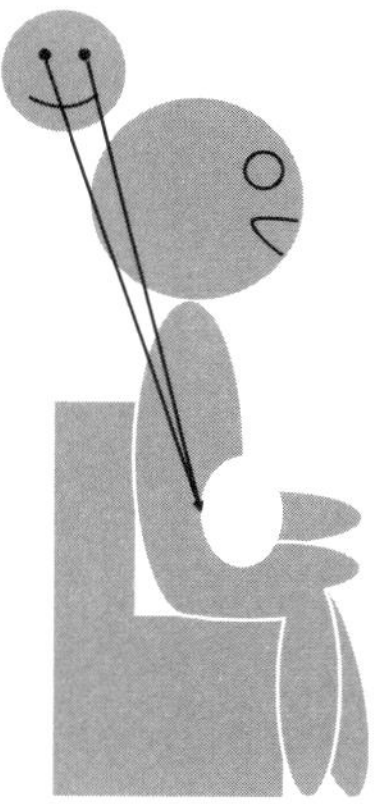

第二の視点とは「第三者の視点」ともいえます。つまり、自分を客観的に眺める視点です。早速始めてみましょう。

腹式呼吸ができるようになったら、後頭部の斜め上の空間にもう一つの視点があることをイメージしてください。

当然、その視点からは、見下ろされた自分の姿が見えるはずです。実際に見えているわけではありませんが、そのように見えている自分をイメージして、そのイメージの中で自分を眺め、観察してみてください。

そして、第二の視点から自分の下腹部を眺め、観察して、腹式呼吸をしている様子を頭の中で実況中継します。息を吸うときには下腹部が「膨らみ、膨らみ、膨らみ……」と実況中継し、息を吐くときには下腹部が「縮み、縮み、縮み、縮み、縮み、縮み……」と実況中継します。

そしてエクササイズを終了するときは「終わります、終わります、終わります」と頭の中で3回唱えてから終了し、目をゆっくりと開きます。

このエクササイズは腹式呼吸の代わりに、1日に2回、朝起きた後と夜寝る前に1回10～15分行います。

ただ、このエクササイズも、自分で決めた回数をできなかったからといって罪悪感を感じたり挫折感を感じてマイナス思考・感情を持つ必要はありません。忙しいときやうっかり忘れたとき、体調を崩して寝ているときなど、無理に行う必要はありません。

この第二の視点を持つエクササイズのコツは、いったん第二の視点から自分を眺め、観察しているイメージが持てたら、意識を第二の視点から腹式呼吸をしている下腹部へ移すことです。そこからは下腹部に意識を集中させ、第二の視点の存在は忘れて構いません。

このエクササイズの目的は、意識を「今、ここ」に置くことです。

もうお気付きの人もいるかもしれませんが、このエクササイズは禅僧が行う座禅と似ています。ただ、禅僧が行う座禅は修行だけに「自分で悟るまでやれ」と突き放す感じがありますが、このエクササイズは普通の人が簡単に実践できる方法にアレンジしてあります。

最初は意識が定まらないでしょう。仕事のことや異性のこと、家族のことや現在夢中になっている趣味のことなど、さまざまなことに意識が飛んでしまいます。

座禅の場合は直日（じきじつ）または直堂（じきどう）と呼ばれる僧侶が座禅をしている人たちの周りを巡回して、意識が定まっていない人を見つけて警策で肩や背中を叩きます（「警策を与える」と言います）。警策は曹洞宗では「きょうさく」と読み、臨済宗では「けいさく」と呼びます。

警策を与えることで、座禅を組んでいる人の意識を「今、ここ」に置かせるわけですね。

8. 思考に振り回されなくなる方法

お寺の座禅会で座禅をしているのと異なり、自分一人で気付きのエクササイズをしているときは、誰も警策を与えてくれませんから、自分で意識があちらこちらに飛ばないようにしなければなりません。

最初は、これがなかなかできません。エクササイズを始めても、1分もしないうちに意識が飛びます。思考に振り回されてしまうのです。

あの商談ではああ言っておけばよかった、明日中に会社で経費の精算をしておかなければ、などと簡単に意識が飛んでしまい、意識を「今、ここ」に置けません。つまり、意識が今（時間軸）ここ（空間軸）に定まらないのです。

例えば「あの商談のとき」と思った途端に時間軸が過去に移動し、空間軸が商談中の会議室に移動してしまっています。また「明日中には」と思った途端に時間軸は未来に飛び「会社で経費の精算を」と思った途端に空間軸が会社に飛んでしまっています。これほど人の意識というものは定まらないものなのです。

その結果、落ち着かなくなります。これは、意識が思考である妄想や雑念に支配されている状態です（妄想とは過去や未来の出来事を想像して意識が飛んでいること。雑念とは、今考えても仕方がないことに思いを巡らせることです）。いずれも時間軸と空間軸において「今、ここ」から飛んで行ってしまっている状態です。

人は、放っておけば意識が定まらない状態を続けてしまいます。そして意識が思考に支配されて振り回されてさまよっていると、集中力がなくなり、エネルギーの無駄な消費が起こるために疲れてしまうのです。

ところがこの気付きのエクササイズを行うと、意識が「今、ここ」に定まりますから、集中力が増し、エネルギーの無駄を減らすことができて、疲れにくくなります。

9. 妄想や雑念の簡単な消し方

次に、第二の視点から、自分の大脳新皮質の前頭葉を眺め、観察し（ていることをイメージし）、自分の意識が思考に振り回されていることに気付いたときの対処法を紹介します。

図表９　第二の視点

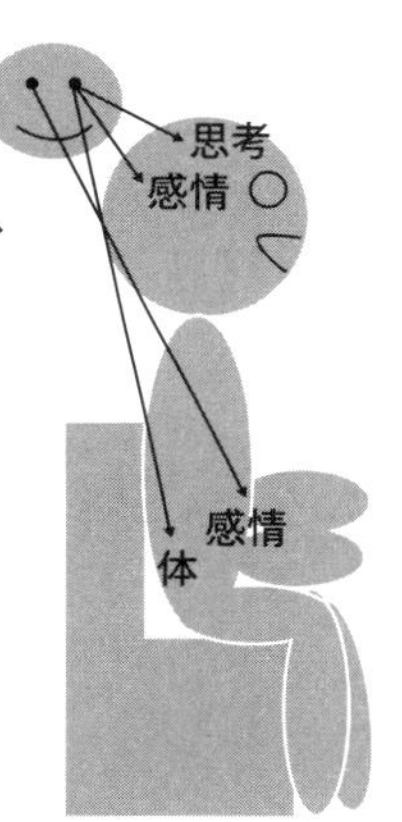

第二の視点から思考・感情、体を眺め、観察する

- 第二の視点から、思考・感情・体の感覚を俯瞰し、眺め、観察する
- 思考は脳の大脳新皮質の前頭葉を眺め、観察する
- 感情は脳の大脳辺縁系と膵臓（みぞおちとへその間）を眺め、観察する

（図表９）

自分の意識を振り回しているのが妄想だと気付いたら「妄想、妄想、妄想」と３回頭の中で唱えて、自分が妄想していることを受け入れます。

その後、改めて意識を下腹部に戻し、下腹部が「膨らみ、膨らみ、膨らみ」と「縮み、縮み、縮み、縮み、縮み、縮み」と実況中継します。このとき、なかなか意識が下腹部に定まらないようでしたら、下腹部に軽く手のひらを当ててやってみると、意識が定まりやすくなります。

同様に、意識を振り回しているのが雑念だと気付いたら、頭の中で「雑念、雑念、雑念」と３回言って、その後、改めて意識を下腹部に戻し、その膨らみと縮みを実況中継します。

これは、妄想なら「妄想、妄想、妄想」と唱え、雑念なら「雑念、雑念、雑念」と唱えることでラベリングするとは、それが何であるかをラベルを貼ることで明らかにするということです。

ここでは、妄想なら「妄想」とラベリングすることで、自分の意識を振り回しているもののの正体に気付かせるのです。「今浮かんでいるのは妄想だよ」と自分自身に教えるのですね。そして、気付けば、意識を「今、ここ」に戻せますので、妄想が薄れていきます。

10. 感情に支配されない自分を作る

気付きのエクササイズをしていて、意識を「今、ここ」に置けないもう一つの原因が、感情です。意識が感情に支配されて振り回されてしまうのです。

気付きのエクササイズを行っていると、突然怒りがこみ上げてくるといったこともあります。急に過去のある出来事を思い出して「本当にむかつく」などと感情が乱れ始めるのです。

人の脳は、大脳新皮質・大脳辺縁系・脳幹の三層構造を持ち、それぞれ理性・本能・生命を司っていると考えられています。そして怒りや悲しみ、苛立ちといった感情を感じるときは、この2層目の大脳辺縁系が働いています。私は、それと連動しているのが膵臓だと考えています。なぜなら、過去の怒りや苛立ち、未来への不安などが強いときは、この膵臓があるみぞおちとおへその中間辺りが苦しくなってくるからです。感覚的にはその場の怒り、悲しみなどの感情は大脳辺縁系。過去、未来のマイナス感情は膵臓が働いていると思っています。

そこで第二の視点で、大脳辺縁系と膵臓の辺りを観察することをイメージします。そして、その感情を素直に受け取り、怒りがこみ上げてきたのなら「怒り、怒り、怒り」と3回頭の中で唱えます。

すると、今自分は怒っているのだということを客観的に捉えることができます。その結果、怒りは静まっていきます。

このように感情が意識を振り回し始めたら、感情を殺そうとするのではなく、感情を客観視し、素直に認めて受け入れるのです。無理に感情を抑え込もうとすると、かえって暴れだします。そうではなく、感情を素直に受け入れなければなりません。

また、原因が分からない漠然とした不安がこみ上げてきた場合は、頭の中で「不安、不安、不安」と唱えます。すると、原因が分からなくても、不安な感情を客観視し素直に受け入れられれば、不安が薄れていきます。

いずれにしても、怒りや苛立ち、不安、悲しみなどのマイナス感情がこみ上げてきたときは、無理やりそれらを抑え込もう、なくそうとするのではなく、それらの感情を客観視し、素直に受け入れられれば、それらの感情は薄れていきます。そのためには、それらの感情に対してピタリと当てはまる感情の言葉でラベリングしなければなりません。

客観視した感情が怒りだと思って「怒り、怒り、怒り」と頭の中でラベリングしたとき、その感情が薄れていけば、それは怒りで正解です。

しかし、その感情が収まらない場合は、その感情は怒りではなく別の感情か、あるいは怒りの感情のほかに別の感情が乗っかっているかもしれません。その場合は全ての感情をピッタリ当て、ラベリングできなければそれらの感情は薄れていきません。

人のマイナス感情には「怒り、イライラ、不安、緊張、恐怖、後悔、悔しさ、恥、不満、嫌悪、軽蔑、嫉妬、恨み、劣等感、悲しみ、諦め、寂しさ、無気力、空虚感、落胆」などがあります。感情を客観視するときは、その感情の正体をしっかり見極め、上手にラベリングし、その感情を素直に受け入れて、力を弱めていってください。

11．どうしても収まらない感情の処理法

ところで、気付きのエクササイズでどうにも収まらない感情が出てきた場合はどのように対処すればいいのでしょうか？

秘策があります。このときは、エクササイズをいったん止めて、マイナスの感情を抑え

るのではなくむしろ解放し、最大化させてください。

例えば、怒りや嫉妬の感情ならそれらを燃やして、爆発させる。不安や恐れなら最大限におびえ、悲しみならこの世の終わりぐらい泣いて落ち込んでください。そして、最大化させたところで、それらのマイナス感情を本気になって体全体で感じ切り、自然に薄れていくのを待つことが有効です。

ただ、ここで注意が必要です。あまりにも強いトラウマ的なマイナス感情を持った人は、いったん打ち切ってください。強烈すぎる感情を受け入れようとすると、精神的に耐えられなくなってしまう可能性があるからです。このようなときは、自分の心がもう少し強くなってから再び行ってみてください。この感情の強さがどれぐらいだと危ないのかということは言葉や数値では表せませんが、感覚的に「あ、これ以上はまずい」と感じたらすぐに中断してください。

そして、マイナス感情をとことん認めてあげる方法も効果的です。例えば、どうしようもない怒りの場合、次のように自分にとことん味方してあげてください。

「私がこれほど怒る気持ちはよく分かる。分かるよ。当然だよ！」

このような言葉を口に出しても構いませんし、頭の中で繰り返しても構いません。あるいはどうしようもない苛立ちを感じているのであれば、

「私がこれほど苛立っている気持ちはよく分かる。分かるよ。当然だよ！」

と言ってあげてください。

これを繰り返していると、徐々にマイナス感情が薄れていきます。つまり、マイナス感情を抱いてしまった自分を肯定することでその感情は薄れていくのです。

逆に「こんなことで怒ってはいけないんじゃないか」「こんなことで苛立っている自分はなんて小さな人間なのだろう」などと、自分を否定することは止めましょう。これではいつまで経ってもマイナス感情が収まりませんし、自分を否定してしまうことになり、ますますマイナス感情が強くなってしまいます。自分にダメ出しをしてはいけません。

◆第6章　まとめ◆

・自己啓発セミナーの効果が一時的なのは、プラス思考・感情になる方法は教えてもマイナス思考・感情にならない方法は教えないから。
・「気付きのエクササイズ」の効能は「将来に対する不安、恐れが減る」「過去の失敗・過ちに対する後悔や苦しみが減る」「冷静でいられる、達観できる、怒らなくなる」「まわりの人たちとの関係が良くなる」「集中力が増し、仕事がはかどる」「気付きや直感、ひらめき、インスピレーションが湧きやすくなり、創造性が高まる」「体力の回復が早くなり、疲れづらく健康になる」。
・「気付きのエクササイズ」をするためには、まず腹式呼吸を練習し、お腹で呼吸ができるようにならなければならない。
・「気付きのエクササイズ」で「第二の視点」から思考・感情を眺め、客観視できれば、思考・感情に振り回されなくなる。

第7章

客観力で
マイナス認知を
改善する

1. 嫌いな人は、自分と同じ欠点を持っている

私たちはいろいろな人と接しながら暮らしていますので、その中には嫌いな人の１人や２人はいるものです。もしかしたら10人や20人はいるぞ、と言う人もいるかもしれません。嫌いな人とは接しなければストレスがなくなるのですが、人間社会はそれほど簡単にはできていません。嫌いな人ともお付き合いしていかなければならないことが多くあります。

ところが、衝撃的なことに、嫌いな人の嫌いな部分というのは、自分も持っているマイナス面であることが多いのです。共通点を持った他人は、自分の鏡のような存在です。

ですから、嫌いな人のどこが嫌いかを改めて考えてみると、それは性格であったり態度であったり、言動であったりします。そしてそれは、実は自分が持っているマイナス面と同じ部分であることが多いのです。

人は、自分では気付いていないマイナス面と同じマイナス面を持った人を見ると嫌悪します。自分の見たくなかった部分を見せられてしまうためです。自分でも許せなかった部分、タブー視してきた部分をあからさまに見せられてしまうわけです。これを私は人間関係は「鏡の原理」だと言っています。

逆に、他人が持っている一般的には欠点と思えるような部分でも、自分が持っていない

欠点であれば、わりと寛大になれます。

このようなときに湧き上がる嫌悪感についても「ああ、これは自分にもある嫌な部分だな」と素直に認めて自己嫌悪すればいいのです。

いいですか。相手を嫌悪するのではなく、自己嫌悪するのです。

嫌だな、と自覚したときから、自分でそのマイナス面を何とかしようと思うので、改善されていきます。

そして、ここからは少々上級者向けですが、自分の嫌な部分に気付かせてくれた相手に、感謝します。さすがに面と向かって口に出すと変な人と思われますから、頭の中で、

「○○さん、(自分のマイナス面に気付かせてくれて)ありがとう、感謝します」

と言えばいいでしょう。

もしかしたら、相手も同じようにあなたに自分の嫌な部分を見つけて嫌悪感を抱いているかもしれません。

しかし、自分が気付いて改善できれば、もはや相手の嫌いだった部分は自分には存在しなくなるので、徐々にお互いがお互いを受け入れられるようになってきます。その結果、人間関係も良くなるでしょう。

そして、それまで嫌いだった相手に感謝までできる自分を褒めてあげてください。「私っ

て、すごい！」と。この段階まで来ると、人間としてかなりレベルが高くなっています。あるときテレビを見ていたら、ある芸能人の方が、寝る前に毎晩ノートに、その日会った人たちの名前を書いて「○○さん、ありがとう」と書いてから寝るのだと言っていました。特に嫌いな人、不愉快な思いをさせられた人の名前は必ず書いて「ありがとう」と書き添えるそうです。

これは、私が書いてきたことの実践例を偶然見つけたものです。

2．時には逃げることも必要

このように、嫌いな人が自分のマイナス面に気付かせてくれたら、自分のマイナス面を改善して相手に感謝する、という対処法があることを紹介しました。

しかし、これは相手があなたにダメージを与えない場合に限ります。嫌いな相手の中であなたにダメージを与えてくる人、例えば嫌がらせをしたり、セクハラやパワハラを仕掛けてくるようなどうしても許せない人の場合は、勇気を出して戦わなくてはなりません。

言葉による嫌がらせなどに対しては、言葉で反撃できるのであればするべきです。我慢からは恨みしか生まれませんので、反撃することで相手を黙らせることは必要です。相手が先輩や上司であるなど、立場上反撃が難しい場合でも、

「止めてください！」
「困ります！」
「傷つきます！」

といった意思表明をする必要はあります。相手がそこまで深刻に考えていないかもしれないからです。

「止めてください！」「困ります！」「傷つきます！」と言うことで、相手はそこまで自分がひどいことをしていたのかと初めて気付いて、反省するかもしれません。あるいは、強気に出たことにびっくりしてもう何もやってこなくなるかもしれません。

私などは、相手が上司やクライアントであっても言います。言わなければ自分のメンタルが損傷してしまうからです。精神を病んでしまったり、その影響で健康を損なってしまっては元も子もありません。

しかし、言っても効果がない場合や、初めから聞く耳を持たないような高圧的な相手、立場を利用した弱い者いじめをするような相手であれば、とっとと逃げるべきです。社内であれば、転属を願い出ればいいし、今の会社に見切りを付けて転職してもいいでしょう。

職場などいくらでもあるのだと割り切って自分を守ってください。

また、ブラック企業と呼ばれるような会社では、上司や経営者が、逃げられないように仕向けてきますので注意してください。「おまえみたいなやつは、他の会社に行っても使いもんにならないぞ」「うちが勤まらないようなやつはどこに行ってもダメだ」「今どき、そう簡単に仕事は見つからないぞ」などと脅しのようなことを言ってきます。

しかし、これらはほとんどが嘘です。私は、環境を変えたり、職場を変えること、あるいは思い切って働く業界を変えることで才能を開花させ、活躍している人をたくさん知っています。

3．意識を「今、ここ」に置けないその他の理由

気付きのエクササイズにおいて、ここまで紹介してきたこと以外にも意識を「今、ここ」に置くことを妨げてくるものがあります。それは、五感です。五感が意識を「今、ここ」に置けないようにしてきます。

例えば聴覚を通して、近所で騒ぐ子どもたちの声が聞こえると、意識を集中できなくなります。

このようなときは、頭の中で「音、音、音」と唱えてラベリングします。また、嗅覚

を通してどこかで料理をしている臭いや、どこからか漂ってくる臭いが気になり出します。このときも「臭い、臭い、臭い」と3回唱えてラベリングします。さらに触覚の場合は、背中や体のどこかが痒くなるなどして意識が乱れます。このようなときは「痒み、痒み、痒み」と3回唱えてラベリングします。

すると、それらのことが気にならなくなってきて、また再び意識を下腹部の膨らみと縮みへ向けられるようになります。

4. 隙間時間を使ってエクササイズ

ここまで、落ち着ける場所に座り、腹式呼吸をベースに気付きのエクササイズをする方法や注意点について述べてきました。

ここからは、さらに日頃忙しい方向けに歩きながらでも、あるいは立ちながらでも、座りながらでもできるエクササイズについて説明していきます。

すでに、腹式呼吸をベースにした気付きのエクササイズは1日に朝晩の2回程度でいいですよ、とお伝えしました。しかし、実際には決まった時間にできないこともありますし、朝晩だけでは今ひとつ足りないと感じることもあります。何かと忙しい現代人には、気付きのエクササイズのために決まった場所と時間を1日に何度も確保することは困難です。

そこで、日常生活の中に生じる隙間時間を活用したエクササイズの方法をお教えします。

人は忙しいと言っているようなときでも、意識が散漫になってボーッとしている断片的な時間は多いものです。これらを集めると結構な時間になるでしょう。

移動のために歩いているとき、あるいは信号待ちで立っているとき、電車の中で立っているとき、座っているときなどちょっとした隙間時間があると、意識は過去や現在、未来と時間軸を盛んに行き来し、空間もあちらこちらに飛んでいます。人は意識を「今、ここ」に置いていることは少なく、一生のかなりの時間をボーッと過ごしているのです。

では、歩きながら、立ちながら、座りながらでも腹式呼吸できるのか、と思われるかもしれませんが、できなくてもいいのです。

すでに書きましたが、腹式呼吸は意識を「今、ここ」に置く練習をするために、お腹の膨らみと縮みを利用したにすぎません。

ですから、歩きながらでも立ちながらでも、座りながらでも、意識を「今、ここ」に置ける対象があればいいのです。

それではどのように行うか見ていきましょう。

5. 歩きながら、立ちながら、座りながらエクササイズ

まず、歩きながら意識を「今、ここ」に置くエクササイズを行います。人は歩いているときでも、意識は必ずどこかに飛んでいます。そこで、歩いているときに、踏み出した足が地面に着地し、足裏が地面に付いた感触のあったときに意識を足裏に置くのです。右足が着地し、地面の感触を感じたら「右」と頭の中で言い、左足が着地し、地面の感触を感じたら「左」と言います。これを繰り返します。

信号待ちや電車の中で立っているときも、足裏に意識を置いて、地面の感触を味わいながら「立ってます、立ってます、立ってます」と頭の中で繰り返します。

そして電車に乗って座ることができたら、今度はお尻が椅子に触れている感触を味わいながら「座ってます、座ってます、座ってます」と頭の中で繰り返します。これだけでも意識を「今、ここ」に置くことができます。

ところで、多くの人が電車の中や町中でスマートフォンの画面を見ていますが、あれは決して意識を「今、ここ」に置いている状態ではありません。常にまわりに意識を散らしながら、スマートフォンの画面も次から次へと切り替えていますので、意識はあちらこちらに飛び回っているはずです。

ただし、夢中になってゲームをしているときは、意識が「今、ここ（ゲーム画面）」に置

図表 10　無意識状態

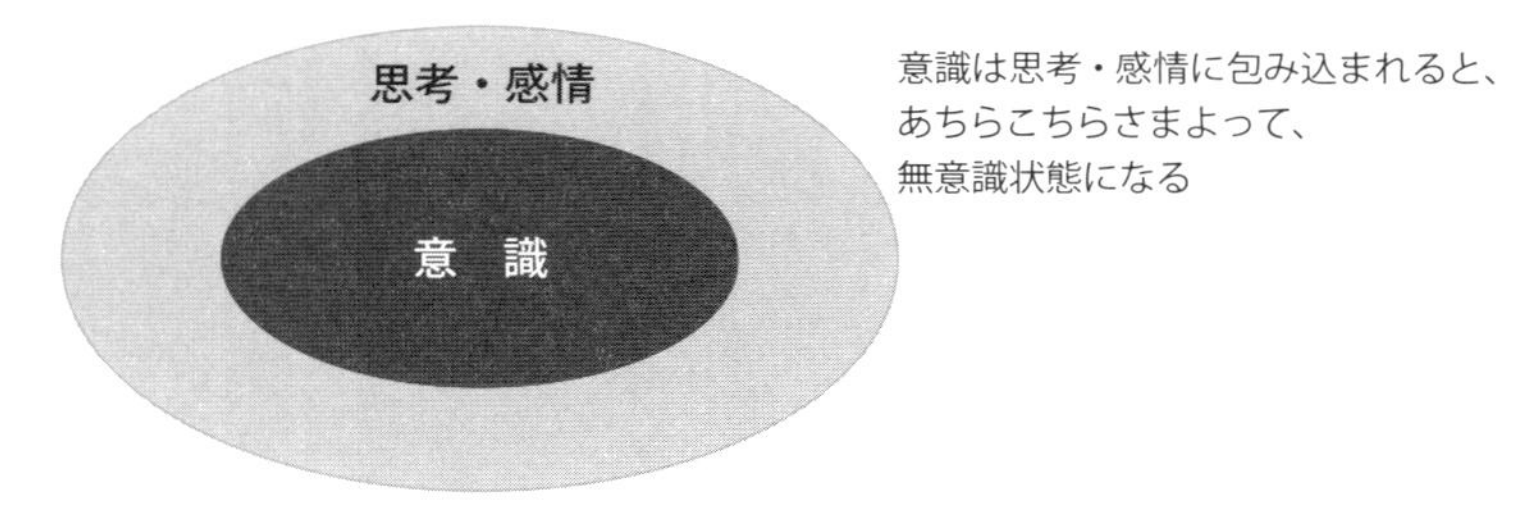

図表 11　「今、ここ」の状態を長くし、維持する

・気付きのエクササイズ、歩きながら・立ちながら・座りながらエクササイズは意識が「今、ここ」の状態を長くし、維持させる

・直感、ひらめき、インスピレーションなどが湧くのは意識が「今、ここ」にある状態

かれていますので、かなり時間が経っても疲れないのです。

このように、常に気付きのエクササイズや歩きながら、立ちながら、座りながらエクササイズを行っていると、いつでもどこでも、今集中すべきことに瞬時に意識を集中させることができるようになります。（図表10・11）

6．過去のマイナス感情も±0にする

何かの拍子に、突然脈絡もなく過去のマイナス体験を思い出してマイナス感情が湧き上がってくることがあります。怒りであったり、後悔の感情であったりとさまざまです。

しかし、この過去のマイナス感情は、現在の、そしてこれからのあなたにマイナスの影響を与え続けますので、少なくとも±０のニュートラルな状態に改善しておく必要があります。

まず、過去に遡る必要がありますが、おおよその目安として幼少期から小学校卒業までの期間と中学校から高校卒業までの期間、そしてそれ以降から現在までの３つの時代に分けて、目をつぶって幼少期から順に振り返っていきます。

ここで、過去のマイナス感情が湧き上がってきたら、その原因を特定する必要はありません。ただ、そのときの感情を頭の中で３回唱えてラベリングします。怒り、悔しい、恥、

嫉妬、恨み、嫌悪、虚しい、寂しい、落胆、失望などの言葉を使います。

こうして過去のマイナス感情を特定することができれば、自然とそれらのマイナス感情を受け入れることができ、やがて薄れていきます。

ただし、感情が強すぎる場合は危ないので、いったんこのエクササイズを中止します。

このときにマイナス感情の原因を探ることをしないのは、マイナス感情を弱めるために必要ではないからです。重視すべきは、そのようなマイナスの感情があったな、と思い出し素直に受け入れることだからです。

7．元気がない人は過去のマイナス感情に原因がある

過去のマイナス感情を±0にする重要性は、それらが現在の自分に影響を及ぼしているからです。

これまで私は多くの人を見てきましたが、現在元気がない人たちを調べていくと、子どもの頃のマイナス感情に原因のある方が多くいらっしゃいました。

過去のマイナス感情は潜在意識に格納されていますが、力を弱めておかなければ、何かのキッカケで顕在意識に表出し、突然元気がなくなったり、落ち込んだりしてしまいます。

ですから、この過去のマイナス感情を無理やり思い出すことで、そのマイナス感情を潜在

図表 12　過去のマイナス感情を±０にする

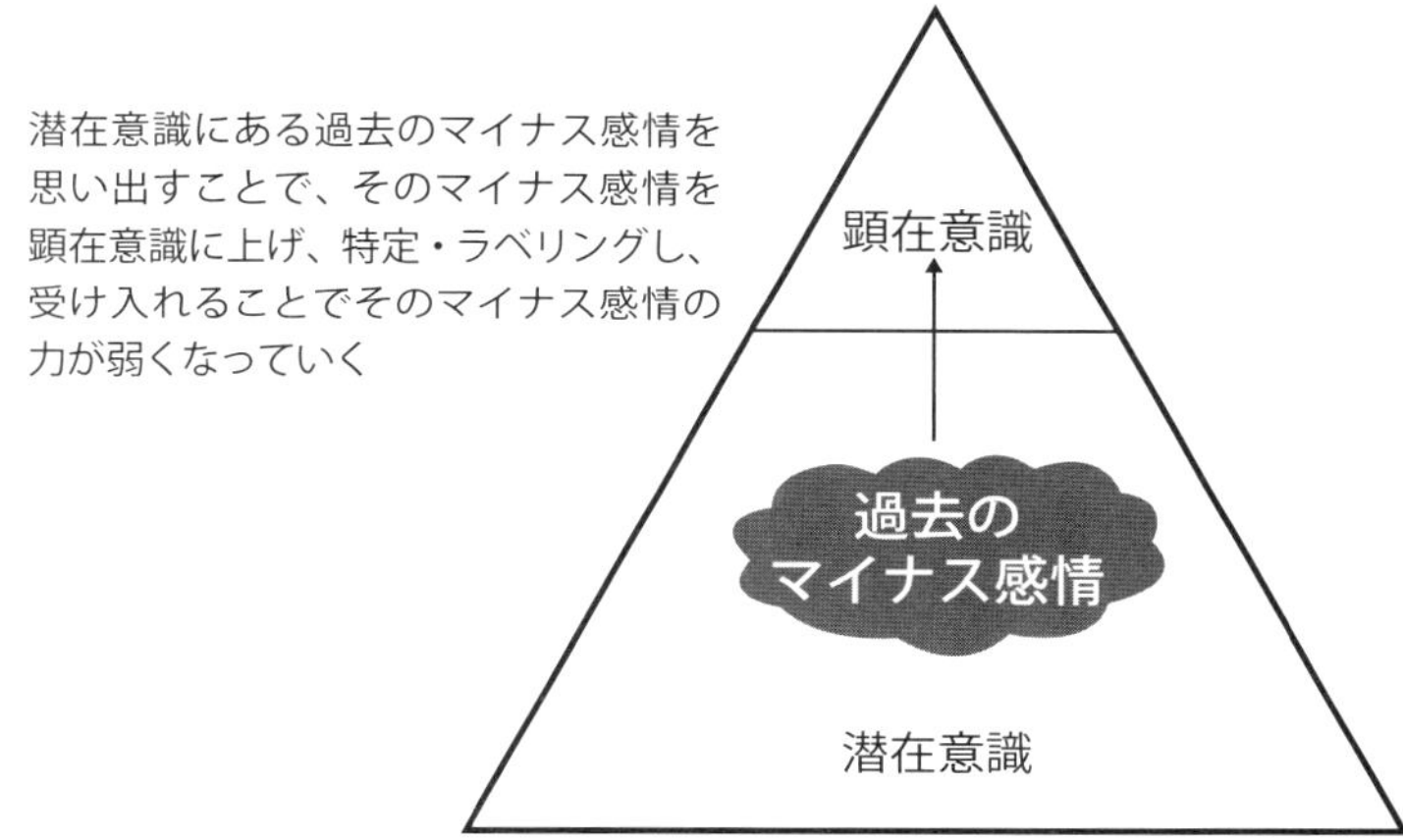

意識から顕在意識に引き上げ、客観視できれば、薄れていきます（図表12）。

難しいことを考える必要はありませんし、無理に消そうなどと思わなくても、客観視できればそれで薄れていきます。

もし、それでも解消できないほどに強烈なマイナス感情だった場合は、むしろそれらを抑えず解放し、最大化してください。そして本気になって全身で感じ切ってください（ただし、感情が強すぎる場合は危ないので、いったんこのエクササイズを中止します）。

あるいはそれらのマイナス感情を全面的に受け入れ、自分を肯定してください。例えば、過去の怒りが消えなければ、次のように唱えてください。

図表13　心とは

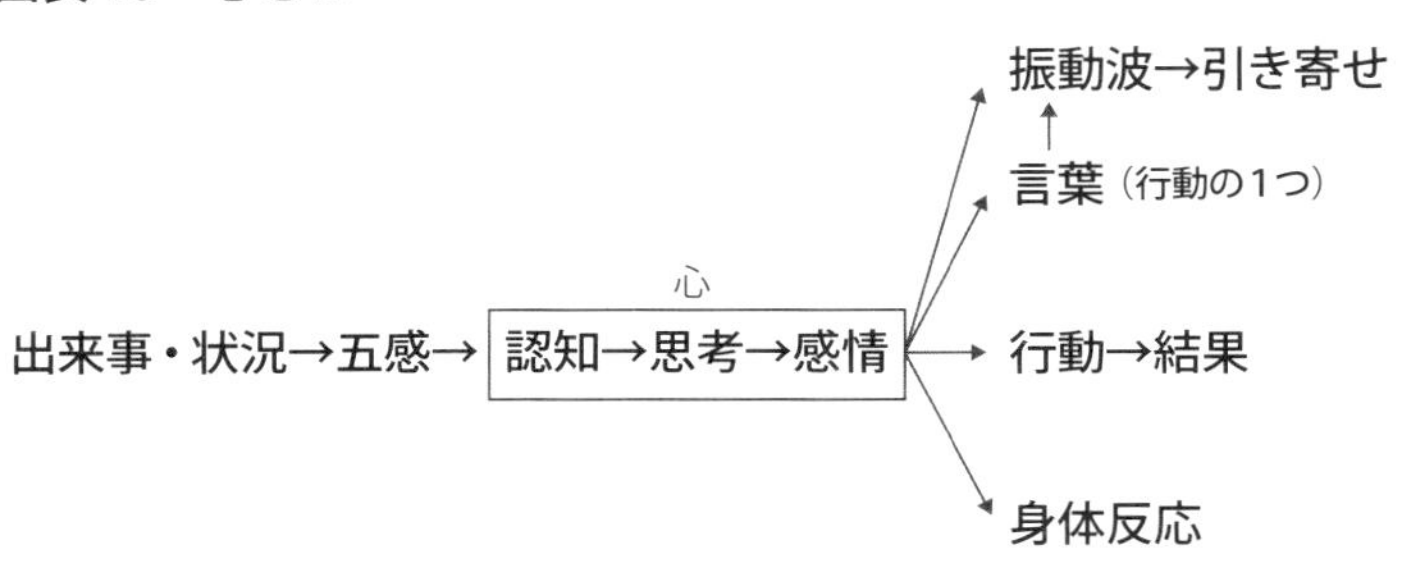

「私が怒る気持ちになったのはよく分かる。分かるよ。当然だよ！」

これらを行えば、徐々に過去のマイナス感情は薄れていきます。

8．マイナス認知を改善する

本書では「認知」という用語を頻繁に使用していますが、ここで改めて「認知」とは何かについて説明します。第5章1．でも出てきた上の図を見てください。（図表13）

この図のように、「認知」とは、五感によって把握した出来事や状況を解釈する考え方のことです。解釈の仕方は人により異なりますので、人ごとの独自のフィルター、色眼鏡だと考えてください。

すでに例として挙げましたが、コップの半分まで水が入っている状態を視覚で捉えたときに「半分も水が入っている」

とプラスで捉えるのか「半分しか水が入っていない」とマイナスに捉えるのかはその人の「認知」により異なります。

また、提出した企画書について上司から何か言われたときにも、五感で捉え「叱られた」とマイナスで捉えるか「励まされた」とプラスで捉えるかはその人の「認知」により異なります。

そして「コップに半分も水が入っている」とプラスで捉えた結果「十分だな」「まだたくさんあるな」と思うことが「思考」で、水が入っていることに「ありがたい」「うれしい」と感じるのが「感情」です。上司に言われたことを「叱られた」とマイナスに捉えた人が「だから自分は何度やってもダメなんだ」とか「この上司は自分を嫌っている」と思うことが「思考」で、そう思ったことによって「悲しい」「失望する」のが「感情」です。

そして「行動」とは「だから自分は何をやってもダメなんだ」と「思考」して「悲しい」「感情」になり、その結果、泣いてしまうということを指します。「身体反応」とは、泣くことで体が震えたり、力が出なくなってしまうことです。

さらに「振動波」とは「感情」から発せられるエネルギーのことです。感情がプラスならプラスの振動波が出て、感情がマイナスならマイナスの振動波が出ます。この振動波がマイナスかプラスかにより、引き寄せられるものもマイナスかプラスかが決まってきます。

この「振動波」は「言葉」からも発せられます。といいますか、言葉自体がすでに振動波です。ですから、マイナスの言葉を発していれば、マイナスの引き寄せが実現しますし、プラスの言葉を発していればプラスの引き寄せが実現します。この「認知」は子どもの頃から刷り込まれて作られるもので、特に母親の考え方の影響を強く受けています。

しかし「認知」は「マイナス認知改善シート」により、その「マイナス認知」のタイプを知り、自己嫌悪すれば、それだけで70％が改善していくことも述べました。

このとき「認知」がマイナスからプラスに変わると、まるでオセロゲームで相手の駒を次々とひっくり返すように「認知→思考→感情→行動（あるいは言葉、身体反応、振動波）」も次々にプラスにひっくり返っていきます。

しかし「マイナス認知」がどのようなタイプであるのかということは、日常生活の中では気付くことができませんので「マイナス認知改善シート」を使ったり、そのエクササイズを行って知る必要があります。

9．マイナス認知をエクササイズで改善する

ここで、巻末にある「マイナス認知改善シート（客観力）」の具体的な使い方を説明します。このシートを使うことで、感情の引っかかりを糸口にして、自分の「マイナス認知」

の10タイプ（第4章7. 参照）のいずれに該当するのかを知ることができます。「マイナス認知改善シート（客観力）」は左の欄から書き込んでいきます。一つひとつ見ていきましょう。

まず「感情（%）」の欄に、最近感じたマイナスの感情を思い出し、例えば「怒り（80%）」のように記入します。次の「出来事・状況」欄に、その感情の原因となった出来事や状況を記入します。「部下に依頼した資料が期日までにできあがってこなかった」などです。

次に「自動思考」欄に、その出来事があって、すぐに考えたことを記入します。「上司から指示された仕事は優先して期日を守るべきだ。守れないなら、進捗状況と理由を報告すべきだ」などと記入します。

その後に「マイナス認知」を記入します。ここが「認知の歪み」のいずれかのタイプです。「すべき思考」などと記入します。

そして「改善思考・行動」を記入します。ここにはマイナス認知を改善し、どう思考し、どう行動すればプラスに転換できるか考え、記入します。「そういえば、部下はプロジェクトをたくさん抱えていて、少しパニック状態になっていたのかもしれない」と、思考し直すのです。

最後に「結果（%）」の欄には、改善結果の感情の状態を記入します。「怒り（40%）」などです。

このように、自分の感情をきっかけに、自分がどのようなマイナス認知を持っているのかを客観視し、自己嫌悪すれば、それだけで、マイナス認知が70％改善されます。

ところで「マイナス認知」のタイプは、1人に1タイプとは限りません。1人で、いくつものタイプを持っていることのほうが一般的です。

「マイナス認知」がどのタイプか分からない、どれに当てはまるか迷う、というときは、無理にタイプを特定する必要はありません。だいたいこのタイプかなという程度でも構いません。完璧にやろうと思わないでください。

また、このようなシートに書き込むのが面倒だという人は、無理に「マイナス認知改善シート」を使う必要もありません。これをやらなければダメだ、というような縛りを持っていないのが私の指導スタイルです。心のケアを行うために、心の負担を増やしては元も子もありません。それではゆるいのではないかと思われるかもしれませんが、挫折感を持つよりは、ゆるいほうが続けられるのです。

ところで「マイナス認知改善シート（客観力）」は、過去のマイナス感情から、自分が昔から持っているマイナス認知を知ることもできます。

使い方は同様ですが、遡る過去が幼少期まで、つまり思い出せる限り古いときまで遡って始めます。そして、同様にシートの左側の欄から記入していきます。

やらなければならないという義務を増やして挫折感を生み出してしまわないように「マイナス認知改善シート（客観力）」はゆるい気持ちで実践していただければいいのですが、もし記入すること自体が面倒くさい、あるいは紙を前にすると構えてしまうため、思うように感情の記憶がたぐり寄せられない、ということであれば、いちいち記入しなくても頭の中で思い浮かべるだけでも効果は得られます。このシートはあくまでガイドです。とにかく肩肘張らずに実践することが大切です。

リラックスし「マイナス認知改善シート（客観力）」の左側から用意された項目について、頭の中で答えるエクササイズを行ってください。目を閉じて、そのときの感情、情景を思い浮かべながら回答していただくと良いでしょう。

10. いつも心を±0にできるようにする

気付きのエクササイズを続けているうちに「第二の視点（第三者の目）」を自由自在に呼び出せるようになってきます。

「第二の視点」をいつでも呼び出して自分を客観視できるようになると、将来の不安や恐れ、過去の悔しさや後悔といった雑念に振り回されることが減っていきます。以前なら怒ったり苛立ったりしたような状況に直面しても、冷静に対処できるようになります。

その結果、意識は常に「今、ここ」にある状態になりますので、仕事をしているときであれば仕事に集中できますから、生産性を高めることができます。

また、意識が「今、ここ」にある状態のときは、大いなる意識とつながっている状態ですので、ひらめき・アイデア・インスピレーションなどが浮かびやすくなり、創造性の高い仕事ができるようになります。

さらに「第二の視点」で意識を「今、ここ」に置くことができるということは、逆に言えば、自分が自分をコントロールできるのは「今、ここ」しかないのだ、ということを実感することでもあります。

つまり「今、ここ」を充実させることがより良く生きることであり、そのことによってしか、未来を明るくすることはできないと気付きます。

11. コンフォートゾーンを抜け出す

気付きのエクササイズと「マイナス認知改善シート」を続けて客観力が身に付くと、ある意味「心地良い境地」に入ります。

客観力が身に付くため、マイナス思考・感情に振り回されることが少なくなります。つまり、いつも±0のフラットな状態で、心が穏やかな状態に入ります。これがコンフォートゾーンです。そして、このコンフォートゾーンに入ってしまうことが心地良い境地になります。

つまり、コンフォートゾーンに入ると、居心地が良くて、現状に満足するようになってしまうため、成長意欲が失われてしまうのです。

成長した会社の社長もこの状態になってしまう人がいて、次の目標や目指すもの、成長意欲がなくなってしまうことがあります。お金もあるし、やりたいこともやれているし、ということで、目標を見いだせなくなり、つまらなくなってしまうのです。それで、相談に来られる方も多くいらっしゃいます。

しかし、会社や社長が成長を目指さなくなってしまうことは致命的です。かくいう私も、この心地良い境地に入ってしまった期間が2年間ほどありました。客観力を身に付けて、フラットな精神状態に居続けることができるようになったとき、さまざまな意欲を失ってしまったのです。つまり、やる気がない会社員です。仏教でいう悟りの境地とは、このような精神状態に近いのだろうか、などと思ったものです。

出家した僧侶や隠遁した世捨て人なら、この状態に居続ければいいのかもしれませんが、ビジネスパーソンとしては非常にまずい状況でした。なにしろ真面目に仕事をする気がなくなってしまいましたから。

さすがに上層部から「おまえ、あまり仕事していないな」と指摘され、半強制的に部署異動することになりました。

それでまずいな、と気付いて、それ以降は一生懸命仕事に励んだのです。いったん「やるぞ」と思うことができれば、すでに意識を「今、ここ」に置くことが自由自在にできましたので、集中力や創造性を発揮し、かなり生産性を高めることができました。

会社もビジネスパーソンも、現状維持はすなわち後退を意味します。まわりが成長したり発展していますから、相対的に後退になってしまいます。

そこで、客観力を身に付けたら、次に「前進力」を身に付ける必要が出てきます。「前進力」とは、客観力で±0になった思考・感情を、プラスにまで変えることです。

ただ、仏教でも欲や執着（仏教では「しゅうじゃく」と読みます）が苦をもたらすのだと言いますが、確かに「前進力」は現状より上を目指すことになりますので、苦労や挫折をもたらす可能性があります。

しかし、すでに客観力を身に付けた人であれば、それらの苦労や挫折を極端にマイナスに振れることなく抑えられますので、すぐにプラスを目指すことができます。

ですから、果敢に前進を目指して、いろいろなことにチャレンジしていってください。

◆第7章　まとめ◆

- 他人の嫌いな部分は自分が持っているマイナス面である。
- 改善できない人間関係からは、逃げることも必要。
- 隙間時間があれば、気付きのエクササイズのほかに歩きながら、立ちながら、座りながらエクササイズを行い、意識を「今、ここ」に置ける練習をしよう。
- 自分でコントロールできるのは「今、ここ」しかないことを実感できれば、未来を明るくすることができる。
- 居心地の良いコンフォートゾーンを抜け出すことで成長し、さらに上の幸せを目指すことができる。

第1章 第2章 第3章 第4章 第5章 第6章 第7章 第8章 第9章 第10章 第11章 第12章

第8章

心を±0から
プラスにする前進力

1. 考え方をプラスに変える

マイナス認知を改善するには「マイナス認知改善シート（客観力）」で自分のマイナス認知に気付き、自己嫌悪することで、おおよそ7割が改善に向かうことはすでにお話ししました。

そこで、残りの3割を改善するためには、プラス認知を知る必要があります。プラス認知は5タイプあります。これらを知ることで、マイナス認知をどう転換し、考え方を変えればいいのかが分かります。

それでは、5つのプラス認知を見てみましょう。

①投げかけたものが返ってくる
②頭より行動
③私は完璧、あなたも完璧
④自分にゆるく、他人にもゆるく
⑤困ったことは起こらない

①投げかけたものが返ってくる

私のクライアントの会社でとにかく仕事の速い人がいます。しかも精度も高い。そして、その人は自分の仕事をさっさと終わらせ、まわりの人に「何か手伝うことはないですか？」と聞いて回って、何か手伝えることがあったら、その人たちの仕事のサポートをします。

この人はこういうことをずっと続けている人なので、先輩からも後輩からも慕われ、実に愛されキャラとして社内の人気者になっています。

そして、彼が何か大変そうなときや困っているのが目に付いたときには、まわりの人は自分ごとのように彼を助けようとします。

そういう彼だからこそ困ったときはまわりから助けられ、後輩は彼を上に押し上げようとします。そして今では、彼は社内で一番の出世頭としてメキメキ頭角を現しています。

まさに良い投げかけをして、良いお返しを受け取っている好例といえるでしょう。

プラスの振動波がプラスを引き寄せる

思考・感情をプラスにすることで、プラスの振動波が発生します。すると、この振動波に共鳴して、プラスの出来事や状況、良い出会い、良い情報などを引き寄せることができます。

プラス言葉を使う

普段からプラス言葉を使い、マイナス言葉を使わないようにします。部下がミスをしたときに「何をやっているんだ!」ではなく「どこに問題があったと思う? 一緒に考えてみよう」と言えば、部下に建設的な行動が生まれます。

もし、うっかりマイナス言葉を使ってしまったら、締めにプラス言葉を使いましょう。「何やってんだ、俺は、ばかだなぁ!」と言ってしまったら「でも、良い勉強になった。ツイてるぞ!」と締めます。

原因と結果

レモンを搾ればレモンジュースが、リンゴを搾ればリンゴジュースができるように、良い原因を作ることで良い結果が出ます。レモンを搾ってもリンゴジュースはできません。

自責100%、他責0%

身の回りで起きることは全て自分に責任があると考えれば、他人任せにしたり他人に責任を押し付けたりすることがなくなります。その結果、自分で全責任を取るつもりで率先垂範し、行動する能動性と主体性が重要になります。

②頭より行動
行動するコンサルタント

コンサルティングにはいろいろなタイプのものがありますが、実際に会社の業績を上げられるコンサルティングというのは、頭だけを使って会社の課題に対する解決策を提示するだけでは難しいでしょう。

業績を上げるためには、その提案とともにそれを実際に実現させる現場での実行支援がポイントになります。コンサルタントが現場に入って顧客と一緒に汗を流し、結果を出すスタイルのコンサルティングでないとなかなか難しいということです。

また、顧客に提案する内容についても、頭だけで考えた空理空論のような提案ではまずうまくいきません。

提案の裏付けには、実際に自分のコンサルティングでうまくいった成功事例に加え、どれだけの繁盛店に自分で行って、自分の目で見て確認しているか？　あるいは実際に自分で業績の良い会社に足を運んで、現場見学や社長の話を聞いているか？　足を使ってどれだけ生の情報・データを集め、考え、自分の成功事例やしっかりとしたモデル企業、お店の成功事例に基づいた提案ができているかがポイントになります。実際に成功事例のない空理空論の提案はまずうまくいきません。

そう考えると、少なくともコンサルティングの現場では、頭で考えるだけのコンサルティングではダメで、それにプラスして必ず行動が伴っていないと結果の出せるコンサルティングはできないということになります。

やる前から失敗を考えない

明らかにダメなことをする必要はありませんが、ほとんどの人がやる、やらないの二者択一を迫られると、やらないを選択します。やる前から失敗するかもしれない、不安だというマイナス思考・感情に負けてしまうからです。

しかし、失敗というのは何かをやる前に存在しているわけではなく、やってみて初めてダメだった場合にその存在が現れるわけです。だから、やってみるまでは失敗するかどうかは分かりません。

ともあれ、本当は行動してみないと実際に失敗するかどうかは分かりませんが、やる前に頭で悩みすぎて、結局行動せず、チャンスロスをしている人は意外と多いものです。

何かを始めて失敗しても、経験値が残ります。ドラクエと同じで、人生はどれだけの経験値を積めるかで最終的に何を成し遂げられるかが決まってきます。

致命的な大きな失敗は困りますが、小さな失敗はどんどんして経験値を積んでいくほうが実りある人生を送れます。

結果を出せる人、出せない人

仕事で成果が出せない人に限って、うんちくが多かったり、やれない言い訳や理由を思いつく達人であることが多くあります。

やはりここでも結果を出せる人は、とりあえずやってみないとよく分からないからやってみようと、頭で考えるのではなく、まず体が勝手に動いてしまうような素直な人です。

やってみて上達する

スポーツだって、営業だってハウツー本をいくら読んだり、動画を見てもうまくなりません。うまくできなくても、恥をかきながらでも実際にとっととやってみた人がやりながら上達し、プロになっていくものです。これらのように頭で考えるよりも、まず行動できる人が成功するのです。

③私は完璧、あなたも完璧
人は生まれたときから完璧

自分に自信が持てない自己重要感の低い人がいます。しかし、人は今そのまま、ありのままで完璧です。人は生まれたときから完璧です。

私には良いところ、悪いところがありますが「田中晋也」としては完璧です。人は他人と比べ、自分に足りないところ、欠けているところに焦点を合わせて落ち込んだりしますが、そんなことをするのは無意味です。もともと違うものを比べることはできません。

桜には桜の良さがあるし、梅には梅の良さがあります。桜が梅になりたい！　梅が桜になりたい！　といってもなれません。同じように人は違う人にはなれません。それなのに人は自分の良さに焦点を当てず、他人を見てうらやましく思うのです。「あの人みたいになりたい！」と。しかし、人はそれぞれ桜と梅が違うものであるのと同じように全くの別物です。

私にはいろいろな長所・短所があっても「○という人間としてはそのままで完璧！」そう思うのです。まだ発展途上かもしれませんが、人は生まれたときから完璧なのです。大きな杉の木だって初めは小さな杉の木から成長しました。しかし、小さな杉の木だって大きな杉の木だって同じ杉は杉です。どちらも杉としては完璧です。

自分で「自分のことを完璧！」そう強気に思うことによって、幸せが引き寄せられます。人はそれぞれ独自固有の長所・強みを持って生まれてきます。人は独自固有の長所・強みに気付いて、伸ばしていけば幸せな人生を送れるようになっています。独自固有の長所・強みを伸ばし、自分らしさ、自分ブランドで生きていけば何も恐れることはないのです。もっと自分に自信を持ってください。

自分は完璧だと思うと相手にも伝わる

自分を完璧だと思うから最高のパフォーマンスが出せます。自分を完璧だと思うから自信を持って強気の営業ができます。相手はそんな自信あふれる営業マンの姿を見て、声や話を聞いて「商品やサービスを買ってみようかな？　買ってもいいかな？」と思うのです。

一方、自信のなさそうな雰囲気で、か細く、弱々しい声の営業マンから商品・サービスを買おうと思うでしょうか？　思わないはずです。

自分を完璧だと思うことで、自分に自信を持ち、強気で仕事をすることで、良い成果を出すことができるのです。

誰もが完璧なのだという前提で考える

例えば、いろいろ失敗をする、やらかしてしまう部下を一度不完璧だと思ってしまうと、その部下の欠点ばかりに焦点が合うようになってしまいます。そうなるとチームで仕事をしている場合、かなり全体のパフォーマンスが落ちてしまいます。

一方、その部下が「そのままで完璧」だと思えばどうでしょうか？

「この部下がこのままで完璧なら、どこが良いところなんだろうか？」

「この部下がこのままで完璧。変えられない、変わらないならどうすれば好きになれるだろうか？」

と考えれば、部下の長所・強みを探すようになったり、どうすれば好きになれるだろうと一生懸命考えるようになります。そうすることで、部下の長所・強みが見えてくるようになります。

そして、その長所・強みを褒めてあげれば、その部下はやる気になってくれますし、その部下が得意な仕事を割り振ることができるようになるので、チーム全体の生産性を上げることができるようになります。

謙虚さも失わないように

いくら自分が完璧だと思っていても、謙虚でなければなりません。自分は完璧だとえらそうにしていたり、いばっている人はまわりから嫌われます。

一方、謙虚な人は誰からも好かれます。ただし、ここで言う謙虚は相手に引け目を感じて卑屈になるということではありません。自分が完璧、相手も完璧だと思うことから謙虚になりましょうということです。

自分はこの分野では完璧だけど、自分の知らないこの分野ではあなたが完璧。だから、尊敬し合えるし、お互いがお互いに謙虚になれるということです。

相手のあら探しではなく、良いところを探す

また、人は相手の欠点が気になる生き物です。試しに誰かに2つの図形を見せてみます。一つは正円です。そしてもう一つは正円の一部が欠けている図形です。だいたい誰もが一部欠けた不完全な円のほうに注意が向きます。

これと同じことです。人は相手の欠点が気になる生き物なのです。（図表14）

しかし、そのようにして人と付き合っていては、良い関係性は築けません。人というのは変えることができません。ですから、自分のほうから相手の長所・強みを見つけ出して

図表14　人は欠点が気になる生き物

ほとんどの人が正円と一部が欠けている不完全な円を見ると、不完全な円のほうが気になってしまう

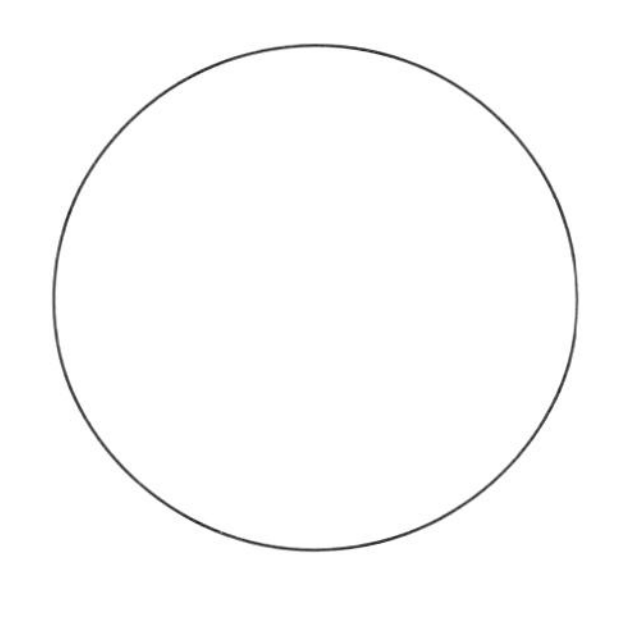

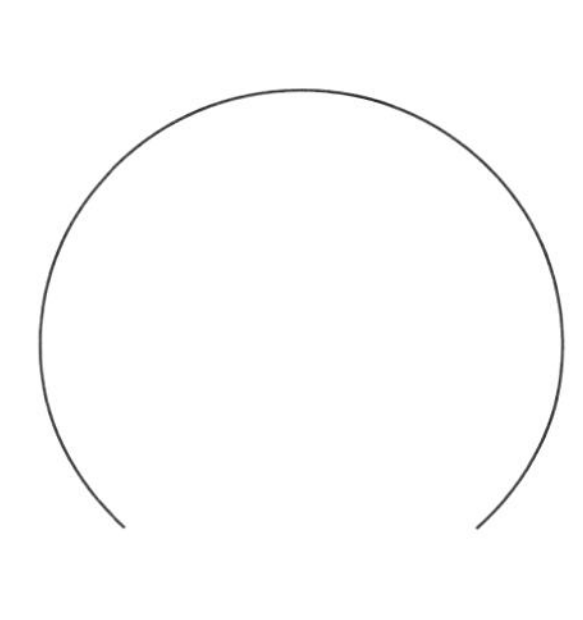

評価し、好きになるようにしたほうが手っ取り早くて建設的なのです。

私も部下と接するときは、良いところを見つけ出して、そこを評価しながら接するようにしています。どうせ——と言っては語弊がありますが——人を変えることはできないのですから、こちらから見方を変えるしかありません。

どうしてもいつの間にかあらを探してしまう、という人は、相手を完璧だと思ってください。相手が完璧なら変えようとは思いません。相手を完璧だと思えば、なぜこの人は完璧なんだろう？と長所・強みを探すようになります。

仕事中でも移動中の電車の中でも、寝る前でも構いませんから、現在、嫌な上司や部下、顧客などの良いところを無理やりにでも思い出してノートに書いてみてください。

特に、思わずイラッとする相手の長所をノートに書き出してみてください。笑顔が良いよな、机の上がいつもきれいに片付いていて几帳面だ、言っていることに筋が通っている、積極的な姿勢は誰にも負けていないな、自分から挨拶するところが偉い、めちゃくちゃタフだななど、思いつくままに書き出してみましょう。そうすることで、相手の良いところが見えてきて、だんだんその部分しか見えなくなってきます。

また、このように相手の長所・強みを見つけ出して褒めることで、相手が変わってしまうこともあります。

これは実際にあったことなのですが、クライアントの店舗に、必ずと言っていいほど釣り銭を間違えてしまう店員さんがいました。もう、面白いほど間違えるのです。当然、店長も先輩たちも注意するのですが、いっこうに良くなりません。

しかし、この店員さんは、お客さんへの対応が非常に良かったのです。笑顔ではきはきとしていて、心配りもできていました。

そこで、まわりの人たちに、釣り銭のミスを責めることを止めてもらい、接客の素晴らしさを褒めることだけをお願いしました。すると、その店員さんのモチベーションが上がり、さらに接客対応が良くなり、自分でも自信が付いたのか、釣り銭を間違えなくなったのです。

このように、長所・強みを褒めて伸ばすことで、相手が変わってしまうことがあります。私は人の長所・強みは200％伸ばせば、その人が変わると思っています。褒めても相手が調子に乗るだけだ、変わらないという人はひょっとすると中途半端な褒め方で終わっているのかもしれません。

④自分にゆるく、他人にもゆるく

自分が管理職になりたての頃、いつも部下にイライラしていました。自分でできるぐらいのレベルの仕事は、部下もできて当たり前だと思っていたからです。自分のできることが100％だとすれば、部下も100％の仕事ができて当然だろうと思っていたのです。

なぜこんな簡単な仕事ができないんだ？　と、毎日、イライラしていましたから、部下がやってくれた仕事にはいつも不満で「これだったら自分でやったほうがマシ」という気持ちになり、仕事を必要以上に抱えていました。いわゆる駄目マネージャーです。

しかし、さすがに体力的にも精神的にも疲れてしまい、これはまずいなと思ったときにふと気付いたのが「よくよく考えてみたら、部下が自分と同じ仕事ができるなら、自分の部下であるはずがない」という当たり前のことです。

自分の仕事の70％、50％のパフォーマンスしか出せないのは当然ではないかという本当に当たり前のことに気付き、自分の中で部下に求めるハードルを下げることができました。そうすることで一生懸命やってくれている部下たちに感謝できるようになりました。そして、その感謝の気持ちをありがとうと伝えることで、チームがうまくまわり始めたのです。

もちろん、なかには自分のハードルを50％まで下げても、その下を行く部下もいます（笑）。その場合は30％まで下げればいいですし、それでもダメなら10％まで下げればいいのです。そうすることで、イライラしなくなりますし、相手に対する感謝の気持ちも湧いてきます。

ちなみに部下に対してこのようにゆるくなると同時に、自分自身に対するハードルもかなり下がりました。仕事に手を抜くというわけではありませんが、人には調子の良いとき、悪いとき、体調が悪いときなど波があります。調子が悪い、悪い波が来ているときは無理をせず、自分を許して、ハードルを下げることができるようになりました。

不思議と自分のハードルを下げることができるようになると、まわりの人に対するハードルも下がり、まわりとの関係性も良くなりました。自分にゆるくなると、他人にもゆるくなり、まわりとの関係性が良くなっていくというのが真実なのです。

自分をもっと許す

日本マクドナルド創業者の藤田田氏がどこかで言っていたのですが、ユダヤ人の法則に「どんなに頑張っても78％しか達成できない」という考え方があるそうです。

一神教の彼らからすれば、完璧な存在は神だけですから、人間ごときが完璧などおこがましい、ということでしょうか。

一生懸命やったのなら、後は神に任せる。日本人的には天に任せる、ということですね。そして、人には調子の良し悪しがあるのだから、悪いときには自分に50点でいいじゃないか、難しい問題があるなら30点でも構わないというように、自分の気持ちがプラスであることを維持できるように、ハードルを下げても構わないのです。

とにかくマイナス思考にならないこと。それが肝心です。

完璧主義者の上司の場合は、部下にも完璧を求めるため、難易度が高かったり複雑そうな仕事になると、誰にも任せることができずに自分でやったほうが早い、と抱え込んでしまうことがあります。

その結果、自分の仕事量がどんどん増えてしまい、肝心の管理職としての仕事が疎かになってしまいます。しかも、部下に仕事を任せないので、いつまで経っても部下が成長しません。結果的に、チームとしての生産性が上がらず、上司自身の評価も下がってしまうのです。本人は誰よりも頑張ったにもかかわらずです。

一方、部下のハードルを下げている上司であれば、どんどん仕事を部下に任せますし、多少の失敗は寛大に受け止めることができます。そのため、部下は成長のチャンスを得ることができ、どんどんスキルアップして生産性を高めていきます。同時に、上司自身もどんどん仕事を部下に任せていけるので、管理職としての職務に集中でき、チーム全体の生産性が上がります。

その結果、上司も部下たちも、会社から評価されて出世したり昇給したりするのです。

また、このような人は、自分が不完璧な存在ということ、つまり、自分にできないことや苦手なことがあることを素直に認められますから、そのような仕事はどんどん部下や外部の専門家に任せていけます。

これは先に、人は生まれたときから完璧である、とお伝えしたことと矛盾するようですが、自分が完璧であり、また不完璧な存在でもあることを認めるバランス感覚を持つことが、人生を楽にしてくれます。このことは矛盾していません。先に述べた「人は生まれたときから完璧」というのは「その人として完璧」であることを指します。

一方「不完璧な自分を許す」場合の不完璧さとは、他者と比較した場合の不完璧さです（人にはそれぞれ長所・短所などの個性があって、個性が人それぞれ違うだけなので、本来比較してもしょうがないのですが）。

ですから「その人としては完璧だ！」と考えることと「他者と比較すれば不完璧な部分がある」ことを認めることは矛盾していないのです。

⑤困ったことは起こらない

私の社会人生活は旅行会社の営業から始まりました。

旅行の企画をしたいと思って入社したら、配属されたのは法人営業。ルートセールスではなく、毎日１００件、２００件と新規で会社に飛び込みセールスをやる仕事にうんざりしていました。

仕事が取れずに帰社すると嫌味な課長に文句を言われるので、いつも帰社する前に会社の近くの公園のベンチに座って泣いていました。自分の人生は最悪だと思いました。

そうこうするうちにこのままではいけないと思い直しました。「社内のトップセールスマンの真似をすれば仕事が取れるのではないか？」と考え、トップセールスマンに話を聞きにいったり、深夜まで残って、誰もいなくなった頃を見計い、トップセールスマンのデスクにある資料を盗み見たりしていました（当時はパソコンなどによるデータ管理というのはほとんどありませんでした）。

そういうことでコツをつかみ、入社して3年した頃には営業にも自信が付き、新規の受注を普通に続けることができるようになりました。そして、社内でも何回か表彰されるまでになりました。

当時は本当に嫌だった営業ですが、それを乗り越えたおかげでレベルアップし、今ではコンサルティングの営業をするとき、この営業力がかなり強力な私の武器になっています。ですから、私が営業の仕事をしたことは全く困ったことではなく、むしろ自分がレベルアップするための良い経験だったのです。

そして、今の経営コンサルティング会社に転職したとき、またショックを受けることが起こりました。

今は全く違います（教育制度も整っていますし、コンサルティング現場へもどんどん連れていってもらえます。逆に甘やかしすぎなのでは？　と、ときどき思うほどです）が、私が入社した十数年前は、ほとんどコンサルタントを育成しようという気のない会社でした。何も教えてもらえず、コンサルティングの現場にも連れていってもらえず放置されていた期間が1年以上もありました。上司を完全に恨みました。

このとき初めて知ったのが、仕事がないことほどつらいことはないということです。

前職の経験があるので売るものがあるなら売る自信はありましたが、コンサルティングというものは基本的に自分が商品です。しかし、営業しか経験したことのない自分に経営コンサルティングなんかできるわけがなかったので売る商品がなかったのです。

前職で営業には自信があり、プライドもありましたので、コンサルティング会社で何もできない自分にかなりへこみ、うつの一歩手前までいきました。

そして、どうしようもない状態にまで追い込まれたときに、自分で本を読んだり、自腹を切ってセミナーに参加したりして独学で勉強。それに加え、繁盛店を必死に見に行ったり、取材に行ったりということをどんどん繰り返し、自分で業績アップのやり方をルール化し、新しいコンサルティング商品を作り、セミナーを実施。そこで自分のクライアントを獲得して何とか生き残り、今にいたっているわけです。

おかげさまで今はこれ以上クライアントを担当させていただく余裕がないので、お問い合わせいただいてもキャンセル待ちしていただいています。

とても大変な思いをしましたから、今では商品を作ることが得意ですし、ここ10年ぐらい業績を上げられなかったところは1件もありません。自分の心をプラスに変えるカウンセリングもこの頃に作りました（そのノウハウを今、書籍化しています）。

自分でこのつらい時期がなかったら心の勉強などしなかったでしょう。ですから、またこの経験は一見嫌なことのように思えますが、実は困ったことではなく、自分のレベルをアップさせてくれるために起きたありがたい経験だったと思うことができるのです。

そして、ここ数年は一見困ったようなことが起きたら、これは自分にとって「本当に困ったことなのだろうか?」「これを乗り越えたら自分のレベルがかなりアップしているのではないだろうか?」そう考え、「これは困ったことではないよな」と思えたときにパッと心が晴れて、現実が変わり、いろいろなことに果敢に取り組んでいける自分になれました。どんどん自分が成長していくことに喜びを感じられるようになりました。

人は成長すること、限界を超えたときに喜び、爽快感を感じる生き物です。そのために、人生には次から次へと一見困ったことのように思えることが起こります。

でも、そういうときは「これは本当に困ったことなのだろうか?」と自分自身に問いかけてみてください。それは自分が成長するために起こっていること。自分が成長し続けるために起こっている出来事なのです。

一見、困ったなと思うことが起きたときは、

「これは本当に自分にとって困ったことなのだろうか?」

「これはどんな学びを与えてくれるものなのだろうか?」

「これを乗り越えたらどんな成長ができるのだろうか?」

をよくよく考えてみると、一見困ったように思えたことが、実は自分をもっと成長させてくれるために起こった出来事だということが分かってきます。

さて、プラス認知の5つのタイプについて知っていただいたところで、巻末の「マイナス認知改善シート（前進力）」をご覧ください。このシートは、すでに紹介した「マイナス認知改善シート（客観力）」に「プラス認知」の欄が追加されたものです。

第7章9．で説明した「マイナス認知改善シート（客観力）」に記入したときと同じ要領で記入し、「プラス認知」の欄に前述の5つのプラス認知のいずれかを選んで記入してください。1つに限らず、複数の「プラス認知」を記入しても大丈夫です。その上で「改善思考・行動」欄に、自分がどのような改善思考を行い、行動するかを具体的に記入してください。

この「マイナス認知改善シート（前進力）」も記入することが面倒であれば、頭の中で思い浮かべるエクササイズをしていただくだけでも構いません。

2. 言葉の力

言葉は人間特有のものですが、昔から人は言葉に不思議な力が宿ると考えていました。

キリスト教では新約聖書のヨハネの福音書に「初めに言があった。言は神と共にあった。言は神であった。この言は、初めに神と共にあった。万物は言によって成った。……」（新共同訳『聖書』）と記しています。この言葉の力を日本では古くから「言霊」と呼んでいます。

『万葉集』でも日本のことを、山上憶良が「言靈の幸はふ國と」（『万葉集』巻五）と歌っているように、言葉の持つ不思議な力を畏敬していました。つまり、言葉が幸せをもたらすというのですね。

また、前駐日米大使のキャロライン・ケネディ氏は、２０１３年の就任時、記者会見にて「Words have the power to change the world.」（言葉には世界を変える力がある）と語りました。

このように、言葉は上手に使えば、幸運を手に入れられる力があるということです。

すでに何度か触れていますが、プラスの言葉を使えばプラスの振動波が発生し、プラスの出来事・状況、良い出会い、良い情報など、さまざまなプラスのものが「引き寄せ」られます。

引き寄せが行われるまでのプロセスはすでにお話ししましたが「出来事・状況↓五感↓認知↓思考↓感情↓言葉↓振動波↓引き寄せ」となります。ですから、このプロセスの中でプラスの考え方（認知）ができればプラスの思考をし、プラスの感情になって、プラスの言葉を発することになります。

ところが、人は言葉を意識的に操ることができます。したがって、このプロセスの「言葉」をプラスに意図的に変えることができれば、プラスの振動波を出すことができます。プラスの言葉を習慣化し、口癖にできれば、それらのプラスの言葉が潜在意識に刷り込まれて定着し、今度は無意識にプラスの言葉が出てくるようになります。その結果、プラスの振動波を出すことが多くなり、次々と良い事が起こるようになるのです。

逆に言えば、日頃から愚痴や不平・不満・泣き言・悪口・文句などのマイナス言葉を口にする癖がある人は、どこかでこの悪循環を断ち切る必要があります。

このようにマイナス言葉は無意識に発せられていることが多いですから、普段は自覚できません。そこで日頃から意識を「今、ここ」に置けば、自分がいかにマイナス言葉を口にしているのかに気付けます。こうしてマイナス言葉を発している自分に気付けば、自己嫌悪するので、マイナス言葉を使うことが減っていきます。

それでも長い習慣でマイナス言葉を使ってしまい、自分で「しまった！」と気付いて慌てることがあるかもしれません。そのようなときは、マイナス言葉をプラス言葉で上書きし、プラスの言葉で締めれば大丈夫です。

気付いたら直す。この繰り返しを続けてください。

3．言葉が物質に影響を与える？

少しここで、余談を挟んでみたいと思います。言葉が体や物質世界に影響を与えているという話です。

私はプラスの言葉やマイナスの言葉が体に影響を与えていることを実感できる例として「Oリングテスト」を試してもらうことがあります。

Oリングテストとは、片方の手の親指と人差し指の先端同士をくっ付けて輪を作り、もう片方の手の人差し指でその作った輪を引っ張って、外そうとするテストです。

Oリングテストは代替医療の診断法で使われます。患者さんが指で輪を作り、医師が患者さんの体を触診しながら患者さんの指の輪を引っ張ると、医師が患者さんの異常がある部分に触れたときに輪が外れるといわれています。

あるいは、やはり患者さんの片方の手の指で輪を作り、もう片方の手のひらに薬を乗せたとき、治療に適した薬であれば輪は外れませんが、適していない薬が乗せられると輪が外れるといいます。癌の診断にも使われることがあるとも聞きます。

このOリングテストは、言葉が体に与える影響を確認するテストとしても使えます。本当は、輪を引っ張るのは誰か他の人にお願いしたほうが効果が分かりやすいのですが、一人でもできます。

片方の手の親指と人差し指で輪を作ります。そして、プラスの言葉を発しながらもう片方の手の人差し指で輪を引っ張ると、輪は外れません。しかし、マイナス言葉を発しながら引っ張ると、輪が外れて(つまり力が入らず)しまいます。試しにやってみてください。

そしてもう一つのお話は、言葉が物質に影響を与えているらしいという例です。

『水からの伝言』(江本勝著、波動教育社)という氷の結晶の写真集が爆発的に売れて話題になったときがありました。水に「ありがとう」というプラスの言葉や「ばかやろう」というマイナスの言葉をかけると、凍らせた際の結晶の形に変化が現れるという内容の本です。1999年から2009年までの間に世界45カ国語以上に翻訳されて世界80カ国で出版され、シリーズとしては300万部以上売れたベストセラーです。

言葉が物質に影響を与えるという衝撃的な内容が話題となり、科学かエセ科学かの論争が世界中で巻き起こり、なかには学校の道徳の授業で使われたことが問題視されるなどの大きな反響を呼びました。

もし、これが本当であれば、言葉もしくは言葉を発したときの振動波が物質に影響を与える可能性があるということになります。約70％が水でできている私たちの体も、言葉の影響を受けやすいと言えるでしょう。

私はこの写真集に掲載された氷の結晶の形の違いを見てからは、特に言葉遣いに注意するようになりました。それほどインパクトのある写真集です。

◆第8章　まとめ◆

- 5つのプラス認知「投げかけたものが返ってくる」「頭より行動」「私は完璧、あなたも完璧」「自分にゆるく、他人にもゆるく」「困ったことは起こらない」を知ることで、マイナス認知をプラス認知に変えることができる。
- 頭で考えても、行動しなければ何も結果は得られない。
- 人は皆、それぞれ違う個性（長所・短所）を持った完璧な存在だと知る。
- 自分は完璧、相手も完璧だと思えば、そこから自分と相手の良いところが見えてくる。
- 「自分に厳しく、他人に優しく」は難しい。自分に厳しい人は、つい、他人にも厳しくなる。「自分にゆるく、他人にもゆるく」が自分も他人も幸せになれるコツ。
- 「困ったこと」とは、今の自分にはできないと思っていること。しかし、それを乗り越えれば大きく成長できる。そして、それを乗り越えアップデートした未来の自分にはできることなので、実は「困ったこと」ではない。
- プラスの言葉はプラスの振動波を発し、プラスの出来事・状況、良い出会い、良い情報などのプラスを引き寄せる。

第9章

頑張ってきた自分を肯定する

1．自己重要感の高め方

多くの会社をコンサルティングしてきて、あるいは最近の若い人たちを見てきて感じることは、多くの人が自己重要感を持てていない、ということです。

皆さん、もっと頑張らなければ認めてもらえない、こんな自分じゃ価値がない、と思っているのです。これでは自分があまりにもかわいそうですし、夢や希望が実現することは難しいでしょう。ですから、自己重要感を高める必要があります。

夢や願いは、その夢・願いが叶ったときにそれを受け入れられる器がその人に備わっていなければ叶いませんから、まずは自分が夢や願いを受け入れられるだけの器のある人間にならなければなりません。

そのためにはセルフイメージを高める必要があります。いくら顕在意識で夢や願いが実現すると思っていても、潜在意識で「無理」だと思っていると、潜在意識は顕在意識を否定してきます。潜在意識は顕在意識の１００万倍ぐらいのパワーがありますので、顕在意識は潜在意識に絶対勝つことができません。そのため、潜在意識で無理だと思っていると、顕在意識も無理だと判断して、引き寄せは起こりません。

ですから、自己重要感を高めて「私は何でもできる！　私は何でも手に入れられる！

私は何にでもなれる！」という自信を持つようにしなければなりません。

そして、この自己重要感は、誰か他人から与えられるものではありませんので、自分で作り出さなくてはなりません。

最も確実に自己重要感を高める方法は、小さな成功体験を積み重ねていくことです。ただ、この方法はかなり時間がかかります。

何事もめまぐるしく変化する現代を生きる私たちには、あまり効率の良い方法とはいえません。たまたま成功体験が続けばいいですが、場合によっては何年もかかるかもしれません。

とはいえ、小さな（もちろん大きければなおいいですが）成功体験を積み重ねることは確実に自己重要感を高められる方法ですので、これはこれでぜひ実践してください。

2．長所・強みをノートに書き出す

その一方で、すぐにでもできることとして、自分の長所・強みをノートに書き出して毎日眺める、という方法があります。自分には長所・強みがないという人も無理やりにでもいいので書き出してみてください。

「私は○○が得意だ！」
「私は○○がうまい！」

などのようにノートに書き出し、暇があるときに眺めたり、

「私は○○が得意だ！」
「私は○○がうまい！」

などと何回も何回も言って、（頭の中で言ってもいい）自分の長所・強みに絶対的な確信が持てるまで行ってください。そうすることで、どんどん自分に自信が付き、その長所・強みを磨き込むことでもっと伸ばすことができます。長所進展２００％を目指しましょう。

ちなみに、これは自分の長所・強みかな？　ということもノートに書き出したり、言ったりしてみてください。そうすることで本当に自分の長所・強みになっていくことはよくあることです。

それぐらい、思い込むということは自分の眠っている能力を開花させる力があるということです。

3. これまで当たり前だったことを褒める

自己重要感を高めるもう一つの方法は、自分を褒めてあげることです。人は、失敗したことに気を取られやすい生き物ですから、ことあるごとに自分にダメだしをしています。些細なことでも、ことごとく自分を責める癖が付いてしまうと、自己重要感がなくなっていきます。

一方、毎日、何事もなく日常を過ごすためにどれだけ多くのことをうまくこなしているか、ということには注意が向かないため、自分を褒めることがありません。いつも健気に頑張っているのに、です。次のようなことも、自分を褒めるに値することだと気付いてください。

- なかなか成果が出なくても、放り出さずに前向きに仕事に取り組んでいる自分を褒める
- 上司に丸投げされたにもかかわらず、黙々と仕事をこなしている自分を褒める
- 初めての仕事でよく分からなかったにもかかわらず、何とかやり遂げた自分を褒める
- 嫌な人がいて、人間関係が良いとはいえない職場であるにもかかわらず、毎日休まず

に出勤している自分を褒める

- 会社のために、取引先の厳しい要求に耐えている自分を褒める

いかがですか？　もっと自分を褒めてあげなくてはと思いましたか？

皆さん、自分を褒めることについては、なぜかハードルを高くしているのです。ちょっとやそっとでは褒めてあげない。もっと頑張らなければ、もっと耐えなければ、と思って生きているのです。それでは伸びる子（自分）も伸びません。

皆さん、実は結構頑張っているのです。もっと自分を褒めてあげましょう。そして、もっと大切にしてあげましょう。

4．自分を褒められないのは、幼いときからの刷り込みが原因

実はこれも、幼いときからの刷り込みなのですね。

親から何か特別なことを成し遂げたときぐらいしか褒められなかったり、こんなこともできないのか、と責められた。あるいは、そんなことは我慢するのが当たり前だ、と刷り込まれたりしてきた結果なのです。もっと頑張れ、もっと努力しろ、と言われ続けてきたのです。せっかく80点を取ってきても、１００点を目指して頑張りなさい、と言われてし

まうのです。

それが端的に表れるのがオリンピックでしょう。参加できるだけでもすごいこと。まして世界のトップアスリートたちを相手に銅メダルや銀メダルを取ったらすさまじくすごいことなのに、金メダル以外は価値がないと思っているのです。

ひどい場面では、金メダルを取れなかった選手が「応援してくださった日本の皆様、ごめんなさい」と泣いたりしています。もう、その日までかなりの努力をしてきた人が、別に練習を手伝ってくれたわけでも、差し入れをしてくれたわけでもなく、金銭的に支援してくれたわけでもない人たちに謝っているのですよ。

全くおかしな価値観です。現状の自分に満足せず、もっと上を目指すのだ、という心意気は気高いことですが、赤の他人に謝ることではありませんし、それは自分の内面の問題です。

皆さん、頑張っている自分をもっともっと褒めてあげてください。そうしなければ本当にかわいそうですよ。

5. 自分を抱きしめる

もう一つ、身体的に自己重要感を高める方法があります。それは、つらい状況でも一生懸命に頑張っている自分を抱きしめてあげることです。照れくさいかもしれませんが、効果があるのでぜひ試してみてください。

方法は簡単です。自分の両腕で自分自身を抱きしめ、

「偉いね！　スゴイね‼　よく頑張ってるね‼」
「偉いね！　スゴイね‼　よく頑張ってるね‼」
「偉いね！　スゴイね‼　よく頑張ってるね‼」

と、自分をねぎらう言葉を自分自身にかけまくってください。抱きしめるだけでなく、さするようにするとより効果的です。

6．あなたはすでに頑張ってきた

夢や願いを実現しようと顕在意識で思っても、潜在意識に「無理」と刷り込まれていれば、いくら顕在意識でアクセルを踏んでも、潜在意識でブレーキを踏んでいるようなものです。そのため、いたずらにエネルギーばかりを浪費し、全く前進していない、という状態になってしまいます。

そこで、夢・願いを受け入れられる器になるために、そして自己重要感を高めるために、プラスの文の力を使います。次の文を目をつぶってリラックスした状態で唱えてみてください。もちろん頭の中で言ってもらっても大丈夫です。


「私はそのままの自分を許します！」

「私はそのままの自分を受け入れます！」

「私はそのままの自分が大好きです！」

「私はそのままの自分を愛します！」


今ひとつ文に力が足りないな、と思ったら「もっと」「すごい」という言葉をプラスしてみてください。


「私はそのままの自分をもっと許します！」

「私はそのままの自分をもっと受け入れます！」

「私はそのままの自分がすごく大好きです！」

「私はそのままの自分をもっと愛します！」

ダメな自分、どうしようもない自分、あれができない、すぐに感情的になって怒る、悩む、不安になる、嫉妬する……そういう不完璧な自分でも許し、受け入れ、好きになり、愛しましょう。

自分を愛することができない人を他の誰が愛してくれるというのでしょうか？　まずは自分で自分を好きになり、愛するのです。

これらのプラスの文を唱えてとことん自分の味方をして、自己重要感を高めてください。続いて次のプラスの文を唱えてください。もちろん頭で言ってもらっても大丈夫です。

「私はすごく価値のある人間だ！」
「私はすごく価値のある人間だ‼」
「私はすごく価値のある人間だ!!!」

真面目な人ほど頑張っているのに、頑張っても頑張ってもまだ完璧ではないと思っています。まだ努力が足りないと思って、自分を追い込んでいます。そういう人は根拠がなくても自分が価値のある人間だというプラスの文を唱えてください。

ただし、自己重要感が低い人の場合、これらのプラスの文を言えないことがあります。そういう場合は、次の文を唱えて、そんな自分も許してあげてください。

「○○と言えない自分を許します」

そして、ある程度自己重要感が高まってきたと感じたら再度チャレンジしてみてください。

7. プラス言葉で心をプラスにする

「引き寄せの法則」では、プラス言葉を唱えたり書いたりすることで、良いことを引き寄せられるといいます。

しかし、いくらプラス言葉を唱えたり書いたりしても、普通届くのは顕在意識まで。思考、感情に邪魔され、潜在意識には届いていませんので、引き寄せは起こりません。

ですから、これほど「引き寄せの法則」本が売れているにもかかわらず、多くの人が夢や願いを叶えることができずに、別の「引き寄せの法則」本を買い続けているのです。

顕在意識は思考する大脳新皮質の前頭葉にあります。そして潜在意識はマイナス認知や

図表 15　プラス言葉を全身に染み込ませる

プラス言葉を顕在意識（大脳新皮質の前頭葉）→潜在意識（脺臓）→全身へ染み込ませる

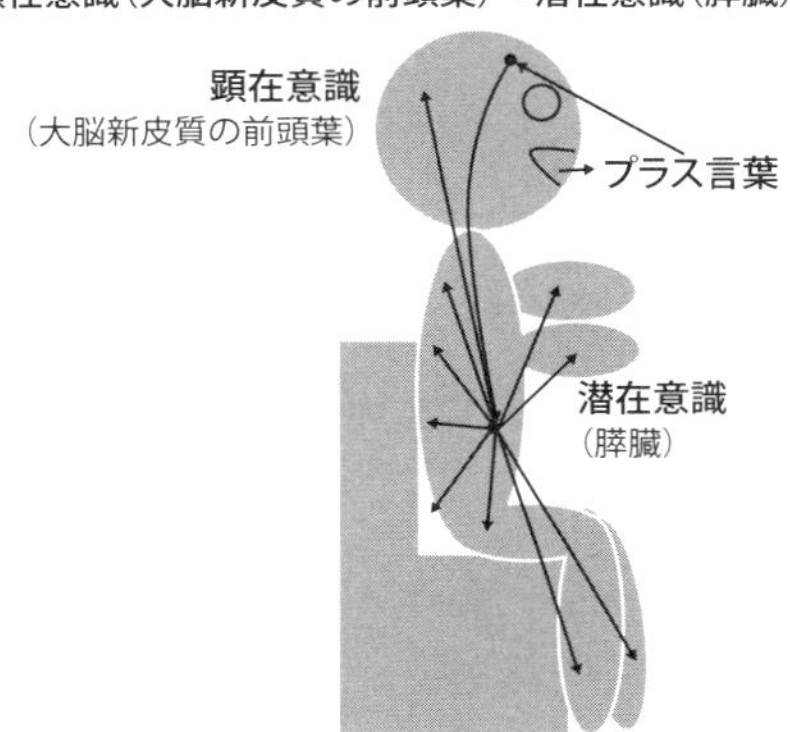

過去のマイナス体験、感情を記憶している脺臓にあります。

言葉は直接潜在意識に届けることができませんので、顕在意識を通して伝えるしかありません。そこで、ただプラス言葉を唱えるのではなく、意識を「今、ここ」に置いて、イメージしながら唱える必要があります。

まず、プラス言葉を顕在意識である前頭葉に向かって唱えます。そのとき意識はプラス言葉に置いて、思考・感情の邪魔が入らないようにします。唱えたプラス言葉が前頭葉の顕在意識に飛んで、潜在意識の脺臓に落ち、その後全身に飛んで染み込んでいく様子をイメージします。その間、プラス言葉が全身に染み込んでいくまで意識はプラス言葉に置いてください。

そして、プラス言葉を引き続き同じように唱え、顕在意識→潜在意識→全身へとプラス言葉をどんどん染み込ませていってください。そうすることで、自分がプラス思考・感情で満たされていくことが実感できるでしょう。（図表15）

濁った水の入ったコップにきれいな水を1日ポタポタ垂らし続けると濁った水がきれいになります。濁った水はマイナス思考・感情をして（になって）しまう自分。そして、きれいな水がプラス言葉です。

いつもマイナス思考をして、マイナス感情になってしまう人でもプラス言葉の力をかりて、プラス言葉を言い続ければ、自分をプラス思考・感情型の人間に変えていくことができます。

8．プラス言葉を口癖にする

プラス言葉を唱えるときは、意識を「今、ここ」に置きましょう。

そしてプラス言葉を唱えることを習慣化し、口癖にして、無意識に出てくるくらいにしてください。そのためにも、プラス言葉は言いやすく、繰り返しやすい単語を使ってください。

どうして文ではなく単語なのかと言うと、言いやすく、繰り返しやすいことに加え、潜在意識の否定が入らないからです。文章にすると潜在意識の否定が入ってしまいます。「私は幸せだ」「私は豊かだ」「私は健康だ」と唱えた場合、本当に自分が幸せ、豊か、健康だと思っていない場合は潜在意識から否定が入り、うまくプラス言葉を潜在意識に刷り込むことができません。

しかし、単語ならどうでしょうか？「幸せ」「豊か」「健康」という単語の場合は主語がありませんので、いくら唱えても潜在意識からの否定は入りません。だから、プラス言葉は文章ではなく単語にするほうがいいのです。

唱えるときはプラス言葉をテンポ良く3回繰り返します。さらに「超」や「絶対」などの強調する言葉を付けてプラス言葉に勢いを付けます。例えば、

「ありがとう！　ありがとう‼　超ありがとう!!!」

「大丈夫！　大丈夫‼　絶対大丈夫!!!」

「ツイてる！　ツイてる‼　超ツイてる!!!」

「できる！　できる‼　絶対できる!!!」

「イケる！　イケる‼　絶対イケる!!!」

「幸せ！　幸せ‼　超幸せ!!!」

「豊か！　豊か‼　超豊か!!!」

などです。

1セット3回にしているのは、3回がテンポ良く言いやすいこと、続けやすいからです。

よく、プラス言葉を何回言えばいいのか？　と質問されますが、特に決まりはありません。プラス言葉が潜在意識、全身に染み込んだことを実感できるまで続けてください。

そして、できるだけ頭の中で言うのではなく声に出してください。まわりに誰か人がいる場合は頭の中だけで唱えればいいですが、できるだけ声に出します。声に出すと、それを自分の聴覚がキャッチしますので、より効果的になりますし、プラスの振動波も出ます。

プラス言葉を唱えていると、やがて自分の思考・感情がプラスになっていくことが実感でき、行動力が出てきます。その結果、プラスの出来事・状況、良い情報、良い出会いが引き寄せられます。

9．大きな声でマイナスの殻をぶち壊す

子どもは、あの小さな体からは想像もできないほどの大きな声を出します。一方、大人は体は大きくなっても、声は小さくなる人もいます。

子どもには遠慮や気遣い、羞恥心というものが備わっていないので、所構わず大きな声を出します。つまり、自分のあるがままをそのまま表現しているわけです。

ところが、この子どもたちも成長するにつれて、親やまわりの大人たちから、さまざまな「常識」や「分別」「分際」をわきまえることを叩き込まれて、どんどん自分の意思を押し殺しながら生きていくことになります。

同時に、自分が本来持っていた可能性も捨てていきます。その結果、大人になると非常に自分を抑制して生きていますから、その一つとして声も小さくなっていきます。したがって、声の小ささが、マイナスの心を表しているともいえます。

ところが自ら起業したような人たちには、声が大きい、もしくは張りのある声の人が多くいらっしゃいます。

もちろん例外の人もおられますが、成功した起業家の多くが、大きく張りのある声、もしくは小さくてもよく通る声で話します。彼らは自分の可能性を潰さずに、自信を持って生きているからでしょう。

起業家だけに限りません。自分が好きな道、得意な道で専門家や職人、アーティストなどとして名声を得たような人たちも、大きいかよく通る声で話す人が多くいます。やはり、自分の可能性を封印せずに生きてきたからでしょう。

逆に言えば、マイナスの心に支配されている人は、大きな声を出すことで、自分の殻を破ることができます。実際、自己啓発セミナーの多くには、大声で叫ぶ練習や発声の仕方を学ぶプログラムが取り入れられています。大きな声を出したり、よく通る声を出すことで、自分の殻を打ち破ることができるからです。

また、武道においても、大きな声で気合いを入れることが重視されます。剣道や空手の稽古風景を見れば、道場には大きな声で発せられた気合いが飛び交っています。

特に薩摩の示現流では「キエーイ！」といった独特な気合いを入れることが重視されています。まさに「肉を切らせて骨を断つ」と言われた武術として、どんな強敵にも挑める心を鍛錬するのです。

10. 私たちは声で相手を判断している

思えば、私たちはかなり相手のことを声の大きさで判断しています。ボソボソと小さな声で話す人は、どこか自信なさげですから、信頼して良いかどうか迷います。逆に大きい声で話す人に対しては、自信を感じますから、物事を任せてみようかなと思います。

ですから、自分の±0の心をプラスに変える方法の一つとして、大きな声で話すことを実践してください。必要以上に大きな声で話すことはありませんが、声の大きさを心がけてください。

スピーチがうまいと評判の小泉進次郎氏は、スピーチの際に「言葉に体温と体重を乗せる」ことを意識しているのだそうです。

面白い表現です。言葉には体温も体重もありません。しかし、体温と体重を乗せているイメージで話すことで、不思議なことに相手にその熱量や重みが伝わるのだそうです。

ところで大きい声を出すときには、腹式呼吸が役に立ちます。よく「腹から声を出す」と言われるのは、このことです。

ろうそくを吹き消すときには無意識に腹式呼吸をしています。このイメージを持って言葉を出すとコツがつかみやすくなります。大きい声を出して、自分の殻を打ち破ってください。

◆第9章　まとめ◆

・夢や願いは、それが叶ったときに受け入れられる器ができていないと、叶わない。
・自分が当たり前にできていることをもっと褒めれば、自己重要感を高めることができる。
・夢や願いが叶わないのは自己重要感を下げられているためで、自己重要感を上げるためには、自分を肯定したり、褒めたり、プラス言葉の力を利用する。
・プラス言葉を習慣化し、口癖にすれば、心もプラスに変わっていく。
・大きい声を出す人は、自分の殻を打ち破ることができる。

第10章

私たちは感謝が足りない

1．最もパワーのある感謝の力

プラスの感情の中で最もパワフルなのが、感謝することです。

普段、私たちはたくさんの人やモノ、サービスなどに支えられて暮らしているにもかかわらず、ほとんど感謝していません。感謝が足りていません。

ありがたいとは「有り難い」ということで、当たり前だと思っていることは実は「有り難い」ことであることに気付けば、自分がいかに感謝していないかが分かります。

日頃お世話になっている人だけではありません。私たちが快適に過ごすために利用しているモノやサービス。電気、水道、家電製品、交通機関、インターネットなど。そして、それらは実に多くの人々の努力の上に成り立っています。

そこから当たり前のように利便性を享受しているのが私たちの生活です。ショッピングモールのトイレに入ったら、汚れていなかった。トイレットペーパーもセットされているし、手洗い用せっけんもある。これは誰かがトイレの掃除や消耗品の補充をしてくれているから気持ち良くトイレを使えるわけです。

しかし、私たちはいちいち感謝しません。当たり前だと思っています。そこで、想像してみてください。

「もし○○がなかったら……」

○○には、家、電気、水道、家電製品、車、鉄道、飛行機、インターネット、スマートフォン、食べ物、病院、薬など、今日一日の中で利用したモノやサービスを当てはめてみてください。どれだけ感謝しても足りないと感じませんか？

人はどうでしょうか？　もし、上司がいなかったら、同僚がいなかったら、経理部の人がいなかったら、担当の営業の人がいなかったら、お客さんがいなかったら、外注先の人がいなかったら、パートナーがいなかったら、友人がいなかったら、親がいなかったら、宅配業者さんがいなかったら、大好きなあの芸能人や歌手の人がいなかったら、おいしい肉や野菜を生産してくれる人たちがいなかったら……。

私たちには、毎日感謝しなければならない人がたくさんいるにもかかわらず、ほとんど感謝していません。ですから、直接的でも間接的でも、誰かのおかげだと気付いたら、できれば直接本人に「ありがとうございます」と感謝を告げましょう。相手に会えなかったり、照れくさくて言えない場合は、心の中で「ありがとうございます」と言いましょう。

そもそも人は一人では何もできません。生きていくこともできません。無人島にたった一人で置き去りにされて生きていく自信がありますか？

私たちには、感謝すべきたくさんの人がいるのだということを思い出さなくてはなりません。

2．ほとんどの人は助けられていることのほうが多い

例えば、一人の人が生まれてくるために、どれほどのご先祖様の存在が必要だったかということをシミュレーションした数字があります。

1代前は両親ですから２人ですね。２代前になると両親とそれぞれの両親で６人になります。同様に３代前は14人、４代前は30人、７代前は２５４人、そして50代前に遡るとなんと18兆１５０億人！

実際には、近縁者同士が結婚するなどもあり得ますので、もう少し人数は減るかもしれませんが誤差の範囲でしょう。これだけの人たちにそれぞれの縁が重なって、あなたも私も今現在存在しています。この縁とご先祖様にはいくら感謝しても足りないでしょう。同時に、自分の存在がとても貴重なものだと思えてきます。

ここで感謝のエクササイズを行います。目をつぶり、今日、あるいは思い出せる範囲で過去に遡り、これまでに自分を大切にしてくれた人や気にかけてくれた人、そして実際に

助けてくれた人を思い出して、

「○○さん、○○してくれてありがとうございます！　感謝します！」

と頭の中で言います。もちろん、本人に直接言うことができればそのほうがより効果的です。ただ、伝えること自体よりも、自分が感謝の気持ちを持つことが大切なので、会えなくなった人に対しても、頭の中で感謝してください。

ところで、感謝の気持ちをより強くするために、自分を大切にしてくれた人、助けてくれた人に対して、逆に何かお返ししたことを思い出してみてください。

どうでしょうか？　多くの人が、圧倒的にいろいろしてもらったことのほうが多いのではないでしょうか。それほど、自分が誰かにしてあげたことは少ないのです。つまり、感謝の負債のほうが大きいのですね。

このことから、いかに自分が感謝できていないのか、感謝が足りていないのかが分かれば、自然と感謝の気持ちが湧いてきます。そして、この感謝の気持ちが強く湧いてくるようになると、プラスの感情も強くなってきます。

3. ツイてる！探しをする

感謝のエクササイズにより、私たちはいかに多くの人たちの助けによって生かされているのかを知りました。次に、いかに自分がツイてるかということを自覚していただきたいと思います。

人は「ツイてない」ことばかりに気を取られてしまうので、常に「ツイてない」と思いがちです。その結果、マイナス感情が強くなります。

しかし、実際にはツイてることが結構あるものです。満員電車でたまたま前の席が空いて座れたこと、商談に遅れそうなとき信号が連続で青だったこと、行きつけの食堂の日替わりランチに好物が出たこと、気になる異性と笑顔で挨拶できたこと、プレゼンがうまくいって仕事が受注できたこと、上司、先輩、お客さんに褒められたことなど、いったんツイてることを見つけ出したら芋づる式に出てくるものです。

これは、意識を「今、ここ」に置いていると、当たり前だと気にも留めていなかった多くのことが、実はツイてることの連続だったことに気付くのです。当然、感謝の気持ちも湧いてきます。

そして、自分がこれまで感じていた以上にツイてることに気付くと、感情がプラスになります。

さらに、プラスの振動波も出ますので、ますますツイてる状態を引き寄せます。ですから、日頃、ツイてることに気付いたら、

「ツイてる！」

と言いましょう。もちろん頭の中でツイてると言っていただいても構いません。

4．場面ごとに最高のシナリオをでっち上げる

朝起きたらこんなことを想像してみましょう。

今日の午前中は商品開発会議。

僕が企画の発表をすると、みんなの食い付きがスゴイ！　参加者全員の目がキラキラしてきて、僕の話を熱心に聞き入っている。

そして、僕の発表が終わったところで全員がスタンディングオベーション、拍手喝采。

最終的に僕の企画が圧倒的多数の賛成で通った。

上司からは「さすが○○だ！」。後輩からは「すごすぎます○○さん！　一生付いてい

きます!」と言われ、まさに社内のヒーローになった自分に酔いしれる。

午後からは、まだうちの会社が一度も仕事を受注したことのないA社でのプレゼン。この難攻不落のA社のプレゼンを任されたのは、僕が会社で高い評価を受けている証拠だ。いよいよプレゼンがスタート。初めはつまらなそうに聞いていたA社の社長、役員たちも、だんだん僕のスティーブ・ジョブズばりの魅力溢れるプレゼンのとりこになり、その場で社長から仕事を依頼される。

そして、帰社すると、また社内のみんなから拍手喝采!

「おめでとう、○○!」

「おめでとう、○○さん!!」

「本当におめでとう!!!」

とまたまた社内のヒーローに。

僕を見つめる女性社員の視線が熱い! これで僕は同期で一番の出世頭だ!

ぐらいの最高のシナリオを場面ごとにでっち上げるのです。

実際にそうなるかどうかは関係ありません。とにかく自分の思考・感情をプラスにし、プラスの引き寄せをすることが大事なのです。

いつも場面ごとに自分の気分が良くなる想像をして、良い引き寄せをどんどんしましょう。

ちなみにこの手法は過去のマイナス体験を書き換えるときにも使えます。過去のマイナス体験、そのマイナス体験から湧き上がってくるマイナス感情を客観的に眺めたり、マイナス感情を最大化させ、体全体で感じ切り、力を弱めた後で、実際にこうだったら最高に幸せだったなぁというシナリオをイメージして、書き換えるのです。

マイナス体験を上手に書き換えるコツは実際のマイナス体験よりも強烈なインパクトのあるプラスのシナリオをでっち上げ、プラスのシナリオのほうが本当だったと思えるまで何度も何度もイメージするのです。

とにかくインパクトが大事です。インパクトがあればあるほど、マイナス体験を最高のプラス体験に書き換えやすくなります。

5．HAPPYスマイルが自分もまわりも明るくする

笑顔には、生理的な効能があることが知られています。免疫力が高まりナチュラルキラー細胞ががん細胞を殺したり、脳の血流が良くなり活性化したりします。また、副交感

神経が優位になるためリラックスでき、セロトニンが放出されてポジティブな気分にもなります。

ここで注目していただきたいのは、免疫力が高いから、脳の血流が良いから、あるいは副交感神経が優位だから笑顔になるのではなく、その逆だということです。ですから、無理にでも笑顔になると、体調が良くなり、精神的にも健康的になれます。

実際に気分が落ち込んでいるときに、無理にでも笑顔の状態を30分も維持していると、だんだん気分が良くなってきます。

笑顔は顔全体が○の状態で、怒った顔は眉毛がつり上がり口がへの字になりますので×の状態。ですから、笑顔を作るときは顔が○の状態になることをイメージするといいでしょう。

完全な笑顔ではありませんが、口角を上げるだけでも効果があります。口角を上げることがうまくできない人は「イー」と言ってみてください。自然と口角が上がります。あるいは、

「HAPPY！　HAPPY‼　超HAPPY!!!」

と口癖になるまで唱えてもいいでしょう。

とにかく、語尾が「イー」になる言葉を探して言ってみます。「うれしい」「楽しい」「気持ちいい」など、語尾が「イー」になる言葉はプラス言葉の中からたくさん見つけることができます。

言葉と一緒で、無理にでも笑顔を作る習慣を身に付ければ、本当にうれしい、楽しいと感じることが多くなります。

笑顔を持続させるコツですが、顔が○になっているところをイメージして固定化すると長時間でも笑顔を維持することができます。

ちなみに、すでに登場したOリングテストですが、笑顔のときにも変化があります。しかめ面のときは指の輪を引っ張ると簡単に外れてしまいますが、笑顔のときはなかなか外れません。

6. 見た目でテンションを上げる

有名なメラビアンの法則では、話し手が聞き手に与える影響力は強い順に、視覚情報(見た目や表情、ジェスチャーなど)が55%、聴覚情報(口調や声のトーン・響き)が38%、そして言語情報(話の内容)が7%だとしています。

しかし、実際に私がコンサルティングの現場やセミナーで感じている印象は、もう視覚情報が100%なのではないかと思っています。

この視覚情報は、相手に影響を与えるだけでなく、自分自身にも影響を与えます。自分の見た目を変えると気分が上がるのです。

人前に出ても恥ずかしくない身なりをしていれば、自信を持って話したり振る舞ったりできます。男性であれば髭をきちんと剃り、髪形をセット。ブランドやオーダーメイドのスーツ・シャツで、しわやだぶつきのない服装をし、ピカピカの靴を履いていれば、自然と言動や振る舞いに自信が持てるようになり、風格も出てきます。女性も髪を整えて明るいメイクを施し、華やかな服を着てきらびやかなアクセサリーを身に付けていれば、魅力的に話したり振る舞ったりできます。

ここ一番というときに、身なりにも気合いを入れると、自分もまわりもパッと明るく華やかな気分になれます。

7. 心身一如

心身一如という禅の言葉があります。ヨガでも使われますね。ざっくりと言うと、心と体は一体で分けることができないという意味です。

逆に言えば、体を鍛えれば心も鍛えられる、体を健康に保てば心も健康でいられるということになります。

ここまで心を鍛える方法を説明してきましたが、心は見えないし触れられません。ですから、心がどのように変化しているのかは、なかなか分かりにくいのです。

一方、体は鍛えれば脂肪が落ちて筋肉質になったり、走れる距離が伸びたり体重計の数値が変わったりと、変化がとても分かりやすいです。

そこで、この分かりやすい体のほうからも、健康にしていけば心も健康になるという考え方ができます。

例えば、毎朝ラジオ体操とスクワット、1日に10分程度の軽いジョギングを行う。それに朝晩ストレッチを行うと、かなり体も心も健康で元気になります。筋肉が発達すれば心も強くなり、体が柔軟になれば、心も柔軟になってきます。

また、白湯を1日にコップ3～5杯飲むと、内臓の汚れが取れて健康になります。お風呂で体を洗うとき、よく汚れを落とすためにお茶やコーヒー、水ではなくお湯を使って洗うように、体の中を掃除するときも白湯を使うのです。

白湯を飲むことで、胃、小腸、十二指腸の働きが高まり、体全体の代謝も上がります。その結果、老廃物が体外に排出されるデトックス効果が表れ、太っている人にはダイエット効果も期待できます。１週間続けてみると、その変化を感じられるでしょう。

ただし、これらの運動や白湯を飲むことは、義務ではありません。気が進まないときや忙しいときなどは無理に行う必要はありません。義務化するのが良くないのは、しなかったときやできなかったときに罪悪感や挫折感を感じてしまい、マイナス感情を抱いてしまうからです。

思い出したらやる、気が向いたらやる、といった程度のゆるさで実践してみてください。

8. 最大の引き寄せは1番になること

昔、ある政治家が「1番じゃなきゃダメですか？　2番じゃダメなんですか？」と言ってもめていたことがありましたが、１番でなければダメなのです。１番と2番の間の差は1番と１００番以上の差があります。人の脳には1番しかしっかり記憶されないのです。

日本一高い山といえば、誰でも富士山と答えられますが、２番となるとほとんどの人が答えられません。ましてや3番などほとんどの人が知りません（ちなみに2番は北岳、３番は奥穂高岳）。湖や川でも同じで、１番大きな湖は琵琶湖と答えられますが、２番、３番はあやしくなります。長さが1番の川は信濃川と答えられますが、同じように2番、３番はあやしくなります。このように人の脳には1番しかしっかり記憶されないのです。このときの1番がいわゆるブランドがあるということになります。

会社でいえば何かの業界・業種で1番の会社に圧倒的に顧客や働きたいという人が集まります。2番、3番、それ以下の会社は1番の会社に顧客、求職者の数だけでなく、優秀な人も全て持っていかれます。

1番になるポイントは絞り込んで、どこかで1番になれるところを見つけるのです。会社なら商圏（商売の勢いが及ぶ範囲）、ターゲット、商品・サービスで絞り込みをかけていく。商圏は全国で1番になれなければ○○県で、無理なら○○市でという感じで絞り込む。ターゲットは子どもから大人までで1番になれなければ、主婦層にターゲットを絞る。商品・サービスは理美容全般で無理なら、ダイエット商品・サービスに絞るなど、どこかで1番になれるところを見つけて、とにかく1番を取るのです。すると顧客も求職者も全てが集まり、業績が上がっていきます（ただし、絞り込みすぎやそもそもマーケットのないところに絞ってはいけません）。

また、人の場合は、何かで1番の人はいろいろな会社から引く手あまたです。でも2番、3番、それ以下の人にはお声がかかりません。

だから、1番じゃなきゃダメなのです。1番と2番の差は想像以上にあるのです。だから自分が1番になれるものを持つのです。

企画で1番！
営業で1番！
販売で1番！
企画でダメならイベント企画なら1番！
営業でダメなら営業のツールづくりで1番！
全般的な販売で無理なら食品の販売なら1番！

など絞り込んで、自分が1番になれるものを作るのです。そして、1番になれるものを複合的に増やしていくことで、レアキャラとして会社や世の中から必要とされる存在になります。そうすると、自分の人生がとても良い方向に進んでいるということが実感できるようになります。

とにかく自分が幸せになるためには2番、3番ではなく自分が1番になれるものを作るのです。そして、1番を複数持つのです。

1番を目指しましょうと言うと、競争しなければならないんですか？　これからは「競争」ではなく「共創」の時代ではないんですか？　と、最近の若い人たちに突っ込まれることがあります。もちろん、これからはそれぞれの会社や個人が長所・強みを出し合って新しいものを創造する時代。つまり共創の時代であることは間違いありません。

しかし、相手と競争しないという話とは別です。一つに2番、3番以下が集まっていろいろ考えても、良い商品・サービスが生まれる可能性は低い。たとえ、良い商品・サービスが生まれたとしてもイノベーションを起こすようなものは生まれづらい。

一方、1番同士が集まって、商品・サービスを作ったほうがやはりイノベーションを起こすような商品・サービスが生まれやすいと思います。これが共創でイノベーションを起こすという意味です。

そして、そのようなイノベーションを起こすような強い1番の会社や人を作るためにはやはり競争が必要です。競争の中から強い1番の会社や人が生まれるのです。

会社、人はライバルがいなければ頑張ろうとしないし、商品・サービスも改善しようとしません。つまり、ライバルがいなければ、会社も人も成長・発展しないのですから、私たちはライバルがいて競争できることにむしろ感謝しなければならないのです。

◆第10章　まとめ◆

- 感謝は幸せを引き寄せるものすごい力（パワー）を持っているが、ほとんどの人は感謝することができていない。
- 多くの人が「自分はツイてない」と思い込んでいるが、探してみると意外とたくさんの「ツイてる」ことに気付く。
- いつも自分に都合の良い最高のシナリオを作って気分を良くしよう。
- 無理やりにでも笑顔でいれば、心も体も健康で元気になる。
- 身だしなみを整えると気分が上がり、プラス感情になれる。
- 体を鍛えれば、心も元気になる。
- 最大の引き寄せは、何かの分野で1番になること。さらに1番を複数持つこと。

第11章

あなたの夢を実現する

1. 自分の夢が分からない人たち

本書では「夢や願い」を叶える方法についてお話ししていますが、そもそも自分には夢がない、あるいは何をしたいのか分からない、と言う人も多いかもしれません。

自分の夢ややりたいことが分からないとは、おかしなことのように思えますが「夢は何ですか?」「ライフワークとしてやりたいことは?」「時間とお金があったら何をしたいですか?」といった質問に対し、明確に即答できる人は少ないと思います。どうしてなのでしょうか?

実は、このように自分の夢ややりたいことが分からない人というのは「自分ファースト」の人生を歩んでこなかった人です。自分のやりたかったこと、好きだったことを押し殺して、親、教師、世間の人などの望む人生を歩んできたのです。どうすれば喜んでくれるかばかり考えて生きてきてしまったのですね。

一流大学に入りなさい、有名な大手企業に入りなさい、あるいは学校の進路指導担当教師から、君の成績ではこの高校や大学にしか進めない、と言われ、自分の意思に反して自分の進路を決められてしまったのかもしれません。すなわち「世間ファースト」ですね。

特に、親が敷いたレールを一生懸命に歩いてきた人たちには、有名な大手企業に入社するなどの目標を達成した途端に、生きがいを見失ってしまいます。

本来自分がやりたかったことがあったはずなのに、どこかに置いてきてしまっている。どこかに埋めてきてしまっている、といった状態になります。そして、自分の存在価値を感じられなくなり、義務や体裁だけのために生きているという虚しい状況に陥っていることに気付き、愕然としてしまいます。

ある段階までは、自分の夢ややりたいことがあったはずです。しかし、世間ファーストで生きていると、親を含めた「大人」というドリームキラーによって「そんな夢みたいなことは考えるな」「もっと現実を見ろ」「現実は甘くないぞ」「そんなことしたって食べていけないぞ」などと言われ続ければ、ほとんどの人は、自分の夢ややりたかったことが分からなくなってしまいます。

しかし、そんな自分を責めてはいけません。そんなことを言われ続ければ誰だって自分の夢ややりたかったことを忘れてしまって当然です。仕方なかったのだと自分を許してあげてください。

自分の夢ややりたいことが分からないという人は自分に素直になって生きてみてください。他の人や世間が言うことに従うのではなく、自分の心の声に素直に従って生きてみてください。そうすれば自分の夢ややりたいことがきっと見つかっていくでしょう。

2. 自分は何をしたかったのか

それでは、自分の夢ややりたかったことを思い出す方法を紹介しましょう。

まず、人にはそれぞれ長所・短所などの個性があり、当然自分は他人とは違って当たり前なのだ、ということを改めて認識してください。

しかし私たちは、親の価値観や世間の人の価値観といった他人の価値観に縛られています。まずはこの呪縛から逃れなければなりません。そのためにはまわりの人に自分を自己開示し、さらけ出してみるのです。

「実は私は○○です」

○○の中を考えてみてください。「実は、私は○○なんだ」「実は、私は○○が苦手なんだ」「実は、私は○○が好きなんだ」などといった具合です。こうすることで自分というものを実感することができるでしょう。

また自分の好きなことを一つひとつ確認していくと、自分を取り戻すことができます。好きな異性のタイプ、好きな音楽、好きな絵、好きな本、好きな映画、好きな食べ物、好きなファッション、好きなスポーツ、好きなゲーム、好きな場所……。夢ややりたいことをいきなり思い出せない場合は、このように少しずつ糸口をたどっていけばいいでしょう。

そして、もう一つは、自分が一番輝いていた無邪気な子どもの頃にワクワク・どきどきしていたことや、なりたかったことを思い出してみてください。あるいは、お子さまのいる方はお子さまと一緒に公園や遊園地などでワイワイ遊んで童心を取り戻せば、本当にやりたかったことやなりたかったものを思い出せるかもしれません。

何か決めなければならないとき、まわりの人の意見を聞くのは構いませんが、最終的には世間ファーストではなく自分ファーストで何事も考え、決めるようにしてください。自分で責任を持って何でも考え、決められるようになれば、自分を取り戻していけるでしょう。

以上のような方法で徐々に自分の夢ややりたかったことを思い出したり、見つけていってください。

ただ、夢ややりたいことといっても、あくまで社会の倫理や法律の範囲内で見つけてくださいね。これを言っておかないと、羽目を外す人がいるので念を押しておきます。

また、やりたいことが見つかったからといって、安易に今の会社を辞めるのではなく、今勤めている会社で実現できないかどうかを探ったり、あるいは今の会社で働きながらやりたいことの準備を進めてから辞めるのも良いでしょう。いきなり自分を（特に経済的な）窮地に追い込むような行動は避けたほうが賢明です。

3. その仕事は天職か

さて、自分の夢ややりたいことを思い出す、見つけ出すためにいくつかの方法をお伝えしましたが、それでもまだ見つからない人がいると思います。このようなときは、焦ったり自分を否定することは止めてください。

なかなか見つからない、という人のほうが多いのです。長年の刷り込みから解放されるには、時間がかかるものだと知ってください。ですから、落ち込む必要は全くありません。

また、今の仕事に不満を持っている人でも、実は一生懸命に取り組んでいるうちに面白くなってきてやりがいを感じられるようになることは多々あります。

仕事の多くは、最初は覚えることに精一杯で、その面白みに気付かないことがほとんどです。仕事の内容を理解し、知識・スキルレベルが上がってくると面白くなってくるでしょう。その場合は、実はうまい具合に天職に就いていたということになります。

仕事においても、初めからその仕事が好きだとか、すぐに成果を出せる人はほんの一握りです。やっているうちに楽しくなってくるものです。

しかし、残念ながら今の会社の仕事ではいくらやってもワクワク・どきどきしない、楽しくなれない、という場合は転属か転職、あるいは独立という手段がありますが、結局は自分が変わらなければ天職に巡り合えないことのほうが多いことも知っておいてください。

4．MYミッション、MYビジョン、MYバリューを作る

夢ややりたいことを見つけたら、人生の目的・最終ゴールである「MYミッション」を決めます。「MYミッション」を設定しない人生は方向性が定まらず、あっちが良いかも？　こっちが良いかも？　と力が分散して本来の力を発揮できず、人生が虚しく終わるかもしれません。

そして「MYミッション」を達成するための中間ゴール、いわゆるマイルストーンが「MYビジョン」。さらに「MYビジョン」と「MYミッション」を達成するための行動指針や価値観が「MYバリュー」です。

少し分かりにくいので、例を出します。「MYミッション」が「経営コンサルティングと心理カウンセリングで世界の企業を元気に！」であれば、そのゴールに到達するためのマイルストーンである「MYビジョン」は「20XX年までに1000社の黒字化を経営

図表16　ミッション、ビジョン、バリュー

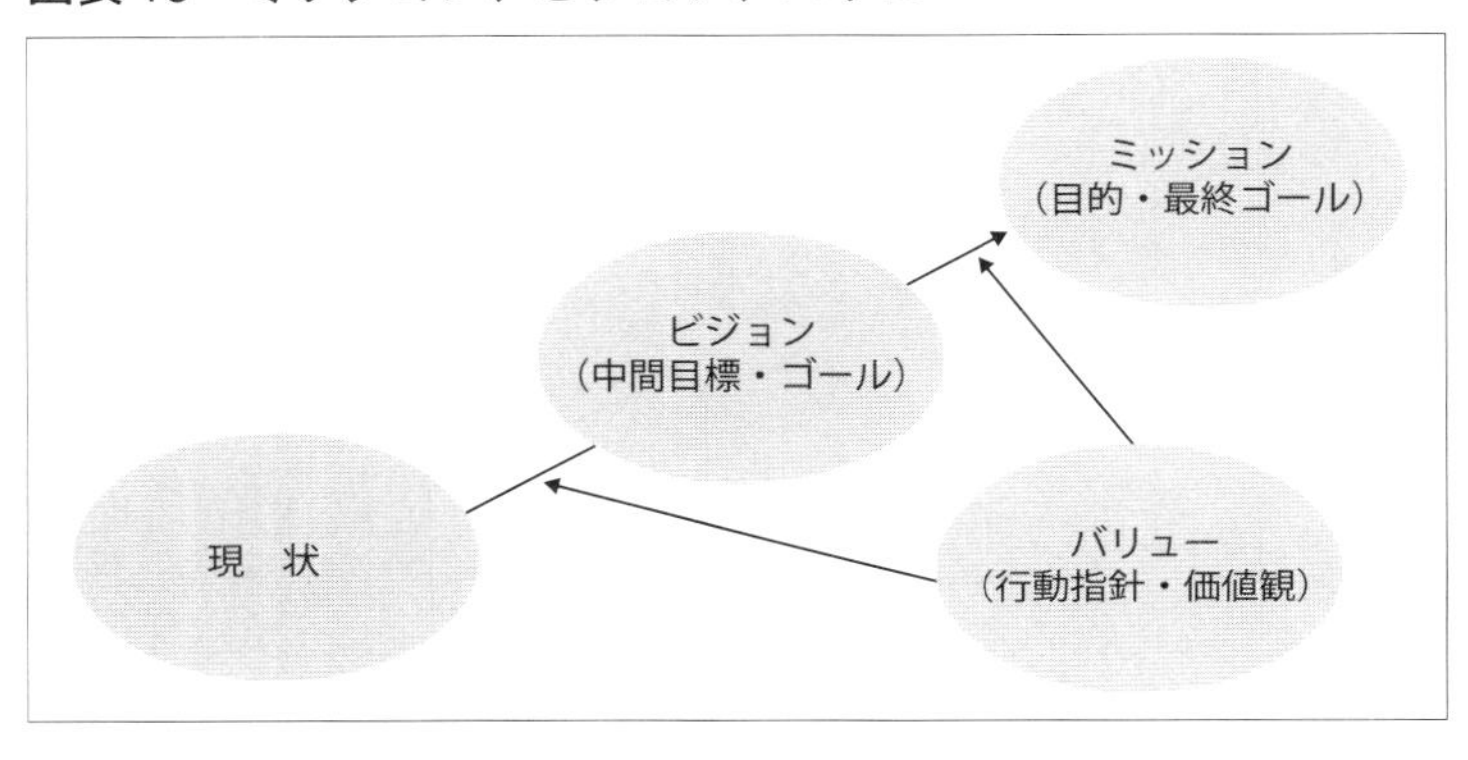

コンサルティングとカウンセリングで実現する！」と設定できます。そして、この「MYビジョン」を実践するための「MYバリュー」としては、すでに紹介したプラス認知の「投げかけたものが返ってくる、頭より行動、私は完璧・あなたも完璧、自分にゆるく・他人にもゆるく、困ったことは起こらない」などが考えられます。

ただ「MYミッション」はそう簡単に見つけられるものではありませんので、まずは「MYビジョン」と「MYバリュー」を作ることを優先してもいいでしょう。

「MYミッション」は人生の目的・最終ゴールですので、極端な話、生きている間に達成できないだろうというものでも結構です。一方「MYビジョン」は1〜3年、5年、10年といったサイクルで次々と達成していくイメージです。なお「MYビジョン」は必ず具

体的な数値目標を入れてください。

繰り返しになりますが「MYミッション」が見つからない人は、無理やり設定する必要はありません。とりあえず設定しやすい「MYビジョン」を設定して、その目標を達成していくうちに、自然と「MYミッション」が見つかっていきます。

それでは「MYミッション」と「MYビジョン」について、もう少し掘り下げてみましょう。（図表16）

5．MYミッションはまわりからバカ笑いされるぐらい大きなものを設定する

人生の目的・最終ゴールである「MYミッション」は、あまり細かく具体的なものは設定しません。「日本を元気にする！」「日本から不幸をなくす！」というような抽象的なものでいいのです。

ただ、自分の過去の実績の延長線上では考えないようにしてください。過去の実績の延長線上で考えると、たやすく達成できる面白味のないミッションになってしまうからです。70％以上の確率で達成できるだろうぐらいのミッションでは、ワクワク・どきどきしませんし、それぐらいなら新しい取り組みも必要ありません。ちょっと頑張れば達成できてしまいます。

どうやって達成すればいいのか全く分からない、まわりの人から「お前バカじゃねぇの！　そんなのできるわけねぇだろ！」と、腹を抱えてバカ笑いされるぐらいの大きなミッションがベストです。現在働いている会社の社長になる、というようなミッションではなく、もっと上に引き上げた概念で「日本を世界で一番幸せで豊かな国にする！」ぐらいのものがいいでしょう。

そしてミッションを設定する際には、それを達成したら自分はどうなるのか？　何ができるようになるのか？　といった動機付けを明確にします。この動機付けが、常に自分を励ましてくれることになります。

なにも立派な動機付けである必要はありません。世界の誰もが羨む富と権力、パートナーが手に入る、世界から絶賛される、世界の著名人と知り合いになれるといった、やる気の起こる動機付けにしてください。とにかく前進するためのパワー、エネルギーをもらえるものがいいでしょう。

6．MYビジョンはステージごとに刻む

次に「MYビジョン」について説明します。

「MYミッション」は、人生の目的・最終ゴールで、これまでの延長線上で考えないよ

うにしましょうと書きました。

しかし、そのマイルストーンとなる「MYミッション」は「MYビジョン」の達成から逆算して一ステージごとに設定していきます。具体的には、仕事・キャリア、収入、自由・時間、人間関係などの項目で目標を設定します。

これらの目標の高さとしては、現在よりも感覚的に一ステージ上を設定していきます。この一ステージ上というのがミソで、達成できる感があり、達成するたびに加速が付いていきます。

会社員の人が「MYビジョン」で仕事・キャリアを設定する場合はとても簡単で「主任↓係長↓課長↓次長↓部長↓本部長↓執行役員↓取締役↓常務↓専務↓副社長↓社長」という感じになります。

社長を目指すというのは「MYミッション」での説明と矛盾しますが「MYビジョン」はこれでいいのです。なぜなら、社長も、マイルストーンの一つでしかないためです。達成できたらまだ先があるということです。

そして、各ステージを達成できたときに、一休みしてはいけません。一休みするとだらけて次に行くのが億劫になります。随時ストップをかけるので加速が付きません。

一つの目標を達成するたびに、むしろ加速を付けて次の目標に向かってください。すると、どんどん夢が叶っていきます。

7. 願いを叶える過去完了形

「MYビジョン」を設定するためには、巻末の「未来年表」に、スケジュールを書き込んでください。ここには「西暦、年齢、出来事」を書き込みます。

この「未来年表」を朝起きたときや夜寝る前に眺め、目をつぶって意識を一つ先の未来に飛ばし、その後、一つ手前の未来を過去として振り返ります。

今、25歳で未来年表に30歳で年収1000万になると書いた場合、意識を30歳の一つ先の31歳に飛ばして、一つ手前の30歳に年収が1000万になったことを振り返るのです。

「昨年、年収1000万になったなぁ、うれしいなぁ、感謝してます!」と過去完了形で振り返るのです。ちなみに振り返るときは夢・願いが実現したイメージに意識を置いてください。そのイメージを顕在意識から潜在意識、全身に何度も送って刷り込み、それが実現したことを確信できるまで行ってください。

夢や願いを叶えたいときは、その夢・願いを願望・希望形や宣言形、過去形、進行形の言葉にしてはいけません。なぜなら、夢・願いが叶わない原因を作ってしまうからです。

どういうことでしょうか?

まず、願望・希望形と宣言形を見ていきましょう。「○○したい」「○○を手に入れたい」「○○になりたい」が願望・希望形です。そして「○○します」「○○を手に入れます」「○○になります」が宣言形です。

これらの言葉は夢・願いが叶っていないことを逆説的に唱えてしまうことになるので、夢・願いは叶いません。「年収1000万になりたい」「年収1000万になります」と言った場合、なりたい、なりますということは現実は年収1000万ではないということなので「年収1000万ではありません」と唱えていることになり、夢・願いは叶いません。

それでは過去形はどうでしょうか？「○○をしました」「○○を手に入れました」「○○になりました」が過去形です。

しかし、これらは嘘ですよね。そのため、潜在意識から否定が入り、夢・願いは実現しません。

そして進行形です。「○○をしようとしています」「○○を手に入れようとしています」「○○になろうとしています」が進行形です。

これは現実に対する嘘ではないので、そのまま潜在意識に届きます。その結果「○○をしようとしています」「○○を手に入れようとしています」「○○になろうとしています」

の状態が実現しますから、いつまで経っても願いが叶わないということになります。

しかし、前述した過去完了形であれば、まだ未来のことを叶ったと振り返っているため、否定は入りませんし、進行形のようにいつまでも叶わない状態を願うのではなく、叶った状態を願うので、唱える言葉としては完璧になります。

8. 実現したいと思いついたことは実現できること

引き続き「未来年表」の記入上の注意点を説明します。

「未来年表」に夢や願いを記入するときは、できるだけ目標に関する数字を入れましょう。金額であったり日付であったりなどです。

ビジュアルイメージもあったほうが効果的です。イメージに近い写真などを探し出してスマートフォンに保存し、暇があるときに眺めるようにします。

ところで、夢や願いを書いてから「やっぱり無理じゃないか？」と思う瞬間があるかもしれません。しかし、実現したい、と思いついたことは、自分で実現できる可能性があると思っているからで、実現できないと思っていることは目標にしようとしません。まさか、普通の会社員の人が１００メートル競走でウサイン・ボルトに勝ちたいとは願わないはずです。

また、夢・願いにはあまり執着せず、叶ったらいいなぐらいの気楽な気持ちでやることです。

もし「未来年表」に記入することが面倒だ、という人がいたら、頭の中だけで実践していただいても構いません。今から1カ月後に叶えたいことは、2カ月後に意識を飛ばして1カ月前を振り返り、過去完了形で夢や願いが叶ったことをイメージし、そのイメージに意識を置いて顕在意識↓潜在意識↓全身へ送ってください。

同様に今から1年後に実現したいことは、2年後に意識を飛ばして1年前を振り返り、過去完了形で実現したことをイメージし、そのイメージに意識を置いて顕在意識↓潜在意識↓全身へ送ってください。

9．夢・願いは絞り込め

未来年表に夢・願いをたくさん記入してもらってもいいのですが、私のクライアントへは「1年に記入する夢・願いは1つか多くても3つぐらいまでに絞ったほうがいいですよ」と、言っています。なぜならあれも叶えたい、これも叶えたいといろいろイメージしていると、本当に叶えたい、優先順位の高い夢・願いに集中できなくなるからです。

仕事で成果を出そうと思えば、緊急度や重要度でまず優先順位を決めてから取りかかるはずです。そうしなければただでさえ仕事がたくさんあるのに、次から次へと仕事が増えていって、とても処理し切れません。

そういう場合は部下や他の人にお願いできる仕事はどんどんお願いして、自分は自分にしかできない優先順位の高い仕事に集中し、きっちり成果を出したほうが全体のパフォーマンスは上がります。

水のしずくを一滴一滴、何年、何十年も同じ場所に落とし続けると岩に穴をあけられるという「涓滴岩を穿つ」ということわざがあるように、ギュッと本当に叶えたい夢・願いに絞り込み、集中したほうがその夢・願いは叶いやすくなります。

10. 自分へのご褒美を設定しよう

ビジョンや目標を設定するときは、それらを達成したときの自分へのご褒美も一緒に設定しましょう。自分の気分が良くなり、やる気になれるものであれば何でも大丈夫です。

例えば、今、私はパワースポットめぐりにはまっていますので、何か目標を達成したときには全国のパワースポットを訪れるようにしていますし、甘いものが大好きなので、ネットでおいしいスイーツを検索してニヤニヤしながら出張に行ったりしています。そして、目標を達成したら絶対にここでおいしいスイーツを食べてやろうと決めています（笑）。

本当に何でもいいのです。好きなアーティストのコンサートに行く、ライブに行くなどとにかく自分の思考・感情がプラスになるご褒美を設定して、楽しくビジョン、目標を達成していってください。

11.「目標はいらない」の嘘

最近、人生や仕事において「目標はいらない」と言う人たちがいるようです。目標を設定してしまうと、その目標以上のことを目指さなくなってしまうからだそうです。つまり、目標を設定することがその人を小さくしてしまうということです。

しかし、これは一般的な話ではありません。このような考え方が通じるのは、一部の天才的な人だけです。

多くの人は目標を設定しなければ力やエネルギーを注ぐべき方向性が定まりません。弓矢は的が定まらなければ当たらないのです。また、目標がなければ、何をどのぐらいの速さで達成すべきなのかというスピード感も把握できません。

偉大な人が偉大なことを成し遂げるのではなく、偉大な目的や目標が人を偉大にするということもあります。

私はよく、目標を持たずにがむしゃらに努力している人と、目標を持って計画的に頑張っている人を、暴走族とロードレーサーに例えています。暴走族は、そのときは楽しいかもしれませんが、ゴールを持たないので、永遠にあっちこっち暴走し続けます。一方、ロードレーサーは目標（ゴールと優勝）を持っていますので、方向性を間違えることなく頑張れば、ある一定の成果を残すことができます。

12. MYバリューを作る

そして「MYミッション」と「MYビジョン」を達成するために、自分なりの行動指針・価値観である「MYバリュー」を作ります。企業で「クレド」と呼ばれているものに近いとお考えください。クレドは経営理念や行動指針などと訳されることがあります。特にホテルのザ・リッツ・カールトンのクレドは有名ですので、一度ホームページなどで読まれるといいでしょう。

また、ディズニーランドにも「The Four Keys～4つの鍵～」と呼ぶ行動規準があります。私はディズニーランドでアルバイトをしていたことがあり、しっかりと叩き込まれました。4つの鍵とは、Safety（安全）、Courtesy（礼儀正しさ）、Show（ショー）、Efficiency（効率）で、それぞれを簡単に紹介すると次の通りです。

「Safety（安全）」は安全を優先すること。

「Courtesy（礼儀正しさ）」は相手の立場に立って心を込めたおもてなしをすること。

「Show（ショー）」は「毎日が初演」の気持ちを忘れず、清掃も含めたあらゆるキャストがショーを演じること。

「Efficiency（効率）」はチームワークを発揮して効率を高めること。

以上は分かりやすく企業での例を紹介しましたが、個人でも「MYミッション」と「MYビジョン」を達成するためには、自分の行動指針・価値観となる「MYバリュー」を用意しておくことが大切です。「MYバリュー」を持っていれば、さまざまな場面で選択や決断が速やかになります。

13. 小さな成長でも良いんです

さて「MYミッション」を設定し、そこまでのマイルストーンとして「MYビジョン」を設定し、進み続けるための行動指針として「MYバリュー」が必要なことが分かりました。

ところで「MYミッション」は過去の自分の延長線上で決めないほうがいいと書きましたが、必ずしも壮大な人生の目的・使命を持つ必要があるということではありません。

大きな目標や高い目標を掲げようとしたときに、多くの人が他人の目標と比べたり世間の評価を気にしたりしています。

人生の目標など、それこそ人それぞれの価値観で決めればいいわけですから、他人から見たら無意味だったり大した価値を見いだせないような目標でも、自分にとって価値があればそれで十分です。他人から見ればささやかな夢でも、自分がワクワク・どきどきできる夢であれば十分に目指す価値があります。

私のクライアントには、支店や営業所をどんどん増やしてビジネスを拡大させたい、と願っている人がいる一方、拡大はサービスの質を落とすのでこれ以上事業を大きくしたいとは思わない。今の会社の規模のままで丁寧な仕事を続けたいという人もおられます。目標は人それぞれ違っていていいのです。

他人から見たら小さな夢だったとしても、本当に自分がワクワク・どきどきできるのであれば一向に構いません。世間の評価を気にして引け目を感じたりする必要もありません。ただ、もう一つ注意しなければならないのは、現状維持だけは良くないということです。世の中は常に生成発展していますので、現状維持は相対的に後退となります。

ですから、少しずつでもいいので、昨日より今日、今日よりも明日で何かしら成長しているようにしましょう。

◆第11章　まとめ◆

- 自分の夢ややりたいことを忘れてしまったり、見つからないのは、幼い頃から「自分ファースト」ではなく「世間ファースト」で生きてきてしまったから。
- 「実は私は〇〇です」の〇〇を考え、自己開示したり、自分の好きなものを確認したりすることで、自分を取り戻し、やりたいことを見つけていける。
- 仕事は最初から楽しいとは限らない。上達して初めて「天職」だと気付くことがある。
- 自分の夢ややりたいことを「MYミッション」という人生の目的・使命にし、そこから逆算して「MYビジョン」というマイルストーンを設定。そして、それを成し遂げるための「MYバリュー」という行動指針・価値観を決めると、夢・願いが叶いやすくなる。
- 夢や願いは、それらが叶っている未来のことを、さらに未来から過去完了形で振り返れば叶いやすくなる。

第12章

本当の幸せとは？

1. 人の成長

人が成長するときにはステージがあるということはすでに述べました。復習しますと、まず自分が満たされることを目指す「自己満足」のステージがあります。

次に、自分のまわりの人たちを幸せにする「他者満足」のステージがあります。自分のまわりの人たちとは、パートナーであり、家族、親戚、友人、上司、部下、同僚などを指します。

そして社会の幸せを目指す「社会満足」のステージがあります。社会とは地域、国家、世界、そして生きとし生けるものと広がっていきます。

この最初の「自己満足」のステージで止まっている人は、成長の踊り場にいる状態ですので「他者満足」のステージを目指さなければ、成長も幸福感も停滞してしまいます。やがて停滞から下降に向かいます。なぜなら停滞している間にまわりの人に抜かれたり、自分のことだけしか考えていないのでまわりの人から嫌われ、相手にされず、協力を得られなくなるため、何事もうまくいかなくなるからです。自分一人で何でもできる、やっているという大いなる勘違いは不幸を招きます。

かといって、まだ「自己満足」のステージで満たされていない人が次の「他者満足」のステージを目指してもうまくいきません。自分が満たされていない人が、他者を満たすことには無理があるからです。自分が飢餓状態なのに、他者のために食事を提供しているような状態です。あるいは、自分が経済的に苦労しているのに他者に寄付すれば、自分の生活がますます苦しくなってしまうのと同じようなことです。

たとえは悪いかもしれませんが、シャンパンタワーのてっぺんに乗っているグラスが自分だとすれば、そのグラスが満たされた直後から溢れ出した分が他のグラスに注がれていくというイメージをしてください。

仮に5段のシャンパンタワーなら、1段目が自分、2段目が他者、3～5段目が社会のイメージです。それぞれ、上の段のグラスのシャンパンが満たされ溢れ出した分が下の段に注がれていきます。この順番でやらなければうまくいかないのです。

ですから「自己満足」のステージをクリア（できれば自己満足のステージは本書のメソッドを使ってさっさと最短最速で終わらせてください）したら、すぐに「他者満足」、さらに「社会満足」のステージに進んで他者、あらゆる人を幸せにするべきです。他者、あらゆる人を幸せにするのは、なにもお金を与えたり物を与えるといった物質的なことである必要はありません。アドバイスや励ましの言葉、笑顔を見せて安心させる、知恵や技術を提供して支援する、一緒に何かをやってあげるなどさまざまな方法があります。

他者、あらゆる人を幸せにするためには、自分の長所・強みを生かした方法で助けてあげればいいのです。音楽の才能がある人は演奏や作品で、商才がある人は商売のやり方を教えることで、強靱な肉体に恵まれた人は体力で、言葉が巧みな人は言葉でまわりの人、あらゆる人を助けるのです。すなわち、天から与えられ恵まれた才能は、天に返すことはできませんから、人に返して天に感謝するということです。

結局、人は自分の枠を超え、他者、社会に貢献して幸せにした分、それに見合った幸福を手にするのです。

2. 会社の成長

この「自己満足・他者満足・社会満足」というステージの上がり方は、会社の成長にも当てはまります。

創業当初、あるいは経営基盤が不安定なときは、とにかく自社の経営を安定させるために売上と利益を確保することを中心に考えなければならない「自己満足」のステージです。

売上や利益が安定し、内部留保も積み上げていけるようになったら「他者満足」のステージに進みます。この段階では従業員の待遇を改善したり、商品やサービスのさらなる質の向上、顧客サービスを強化し、従業員満足度と顧客満足度を高めます。

こうして社内のモチベーションが上がり、優秀な人材が集まり、従業員満足度と顧客満足度を高め、生産性向上を図った結果、売上と利益がさらに増えていきます。

この状態になったら、次の「社会満足」のステージを目指す必要があります。それは、地域貢献や、自然環境保護活動や学校、図書館設立のような社会への利益の還元。あるいは優秀な若者が活躍できるための基金を設立するなど、さまざまなかたちで社会貢献を行います。

このような「他者満足」や「社会満足」の活動ができない会社は一時的に成長できたとしても、やがては衰退していくのではないでしょうか。

これは会社員の成長においても当てはまります。いくら優秀な人材でも、自分の経験やノウハウを囲い込んでいる人は、一時的には突出した成績を上げられますので、すぐに役職付きになりますが、自分の競合を増やすまいという「自己満足」の段階にとどまっている限り、部下も成長せず人望も得られません。その結果、リーダーとしての結果を出せませんので、それ以上の出世は難しくなります。

一方、自分が人の上に立った段階で、部下が成長するために自分の経験やノウハウを惜しみなく与え、また自分の顧客も部下に譲って自分はさらなる新規開拓やマネジメントに徹するということを行う「他者満足」の段階に進む人は、結局部下の成長が著しく、チームとしての成績も上がるため、さらに出世していきます。そして役員や経営者にまで上り詰めた段階で「社会満足」を考えるようになります。

このように言葉で説明されただけではなかなか実感が湧かないと思いますが、とりあえず「自己満足」の段階として早く自分の物心両面の豊かさを享受し「他者満足」、さらに「社会満足」のステージを目指して進んでみてください。「ああ、そういうことか」と実感できるはずです。

3．自己超越の段階

実は、ここで述べてきた「自己満足・他者満足・社会満足」のステージを経て成長することが人の達成感や幸福度を増すということは、有名な「マズローの欲求5段階説」と整合性があります。マズローとはアメリカの心理学者アブラハム・マズローのことで、人間の欲求は次の5段階で説明できるとするものです。低い次元の欲求から順に満たされてより高次の欲求を求めるようになります。

- 生理的欲求（Physiological needs）
- 安全欲求（Safety needs）

- 社会的欲求／愛と所属の欲求（Social needs / Love and belonging）
- 承認（尊重）欲求（Esteem）
- 自己実現欲求（Self-actualization）

ここまでがよく知られている「マズローの欲求5段階説」です。ところがマズローは、晩年になるとさらに上の6段階目の欲求があったのだと発表しました。それが、自己超越（Self-transcendence）です。この段階に到達した自己超越者（Transcenders）には次のような特徴が見られます。

- 「在ること」（Being）の世界について、よく知っている
- 「在ること」（Being）のレベルにおいて生きている
- 統合された意識を持つ
- 落ち着いていて、瞑想的な認知をする
- 深い洞察を得た経験が、今までにある
- 他者の不幸に罪悪感を抱く
- 創造的である

図表17　マズローの欲求　６段階説

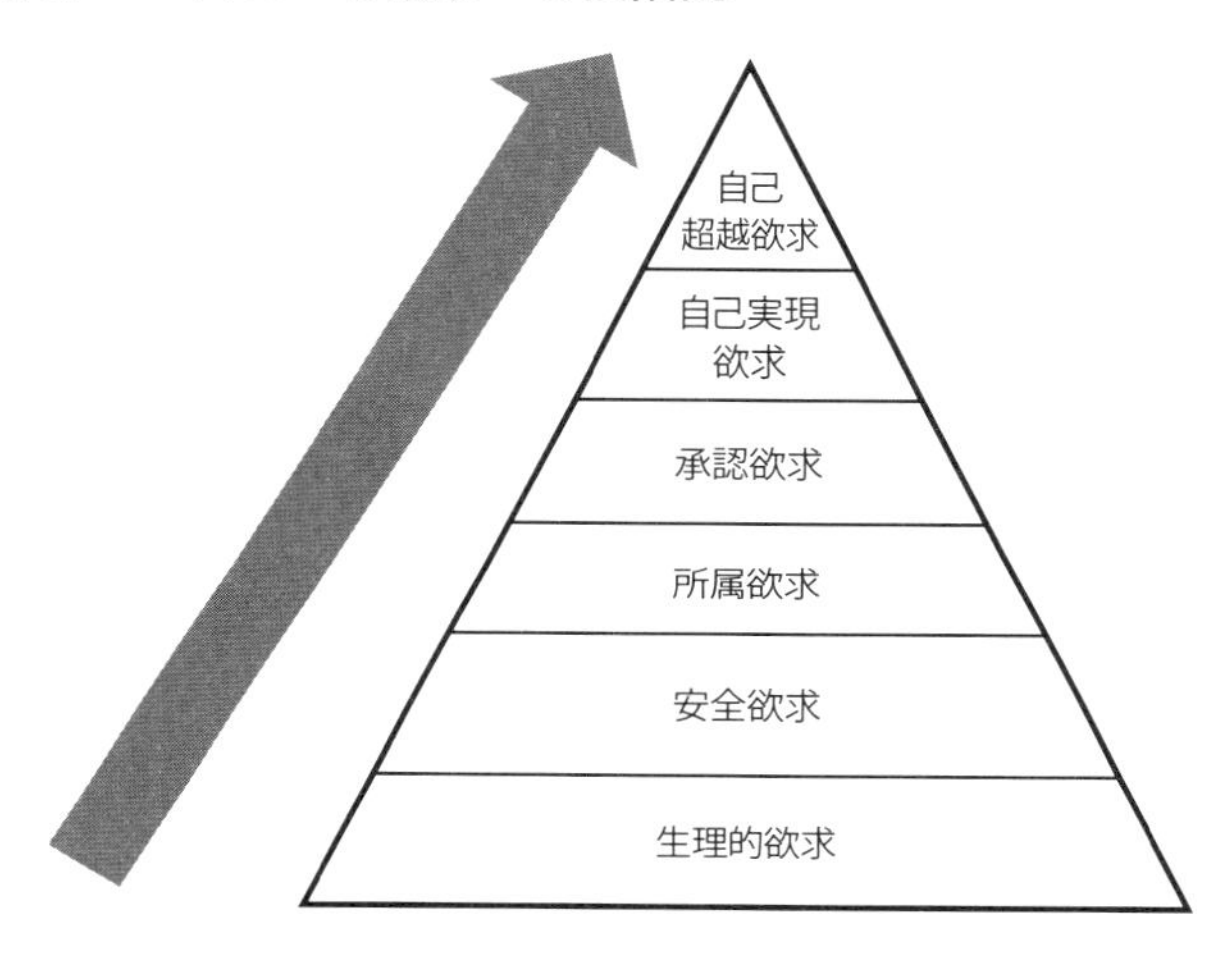

- 謙虚である
- 聡明である
- 多視点的な思考ができる
- 外見は普通である（Very normal on the outside）

（「自己実現理論」『フリー百科事典　ウィキペディア日本語版』。２０１８年６月24日(日) 02:46 UTC、URL：http://ja.wikipedia.org）

この段階になると、他者や社会を自分事として捉えて、他者や社会の幸せを自分の幸せと感じられる境地になります。

その究極の祈りとして、

「生きとし生けるものが幸せでありますように！」

と祈ってみることをお勧めします。

かなり突拍子もない祈りだと思われるかもしれませんが、この言葉を口に出すか頭の中で唱えると、生きとし生けるものとの一体感や心の平安を感じ、気分が良くなってきます。

そして、この状態で自分のプラス感情・振動波がブヮァーと四方八方に広がり、まわりの人に伝わっていく様子をイメージするともっと幸せな気分になれます。思いついたら街中でも職場でも、いつでもどこでも実践してみてください。（図表17）

4. 本当の幸せとは

私は、人はいろいろな体験や経験を通して人生を楽しむために生まれてきたのだと考えています。

宇宙には大いなる意識が存在します。これを一神教では神や創造主と呼び、大乗仏教では大日如来や毘盧遮那仏（びるしゃなぶつ）と呼んだりもします。最近ではサムシング・グレートといった呼び方もしますね。

この大いなる意識は、ただ一つの意識がある状態（I am that I am）であるため、それ自体は成長体験を持てません。そこで自分を分離させて人という実体を持つことでさまざまな体験・経験をしながら初めて成長することができます。

このことは世界中のさまざまな宗教や伝承に類似の神話や伝説として語り継がれています。

したがって、私たちは本来、大いなる意識の分身として、楽しむために生まれてきたのです。ですから、私たちはいろいろな体験・経験を通じて成長することや限界を超えることに喜びを感じるのです。これは一人の人間の肉体的・精神的な成長だけでなく、人類としての文明の成長においても同様です。

また、人は他者に感謝され、喜ばれることに幸せを感じるようにできています。どのような仕事でも、その仕事に従事している人にどんなときが楽しいですか、と尋ねると、多くの人がお客さんに喜んでもらったとき、感謝されたときだと答えます。

もちろん、なかには報酬を得たときや納得のいく仕事ができたとき、という答えなどもありますが、やはり最も多いのは、喜ばれたときや感謝されたときなのですね。

このように、人に喜ばれたり感謝されることで、人は幸せになれます。

自分をどんどん成長させ、独自固有の長所・強みを磨き込み、その長所・強みでより多くの人により大きな喜びを与えたり、感謝されたりすることが、さらなる大きな幸せにつながるということです。そして、人に喜ばれたり感謝されることで、人は他の人とのつながりや社会における存在意義を実感できますし、幸福な時間を過ごすことができます。

この感覚を拡張すると、全ての存在がもともと一つだったと考える「ワンネス」という概念に至ります。

しかし、現在の世の中は、ワンネスとは真逆の方向に進む傾向があるため、一人ひとりが孤独感や不安といったマイナス感情を持ちやすい時代になっているといえます。

インターネットは私たちにとてつもない革新をもたらしましたが、反面、メールやSNSなどのコミュニケーションツールの発達により、かえってすぐそばにいる人との関係が希薄になっているように感じます。

5．ワンネス

本書をここまでお読みいただいた方は、次の式を（何となくでも構わないので）理解していただけるのではないでしょうか。

「意識が『今、ここ』＝第二の視点＝真我＝超意識＝魂」

言葉にすると、自我を第三者のような立場から眺めている存在が本当のあなたであり真我です。観察されている自我は本当のあなたではありません。

そしてこの自我の心と体の動きを観察している真我は大いなる意識とつながっている超意識でもあります。

自我は目の前で起きていることを観察したり反応することができますが、自分が何をしているのかを見てはいません。

自分が何を感じて何を思い、どのように行動しているのかを手に取るように把握できている存在が真我です。

ところが普段は、真我である本当のあなたは自分のことを自我と同一視しています。あたかも人が映画の主人公を自分と同一視して映画の中での出来事を疑似体験しているようなものです。

したがって、自我がマイナス感情を抱いていると、同一視している真我もマイナス感情になってしまいます。

しかし、気付きのエクササイズで真我を自我から分離して、自我のマイナス感情を客観的に観察できるようになれば、真我（本当の自分）はマイナス感情を人ごとのように冷静に捉えることができます。その結果、自我のマイナス感情も薄れていくのです。

そして真我は超意識ですから、大いなる意識とつながっています。これは次のようなつ

図表18　ワンネス

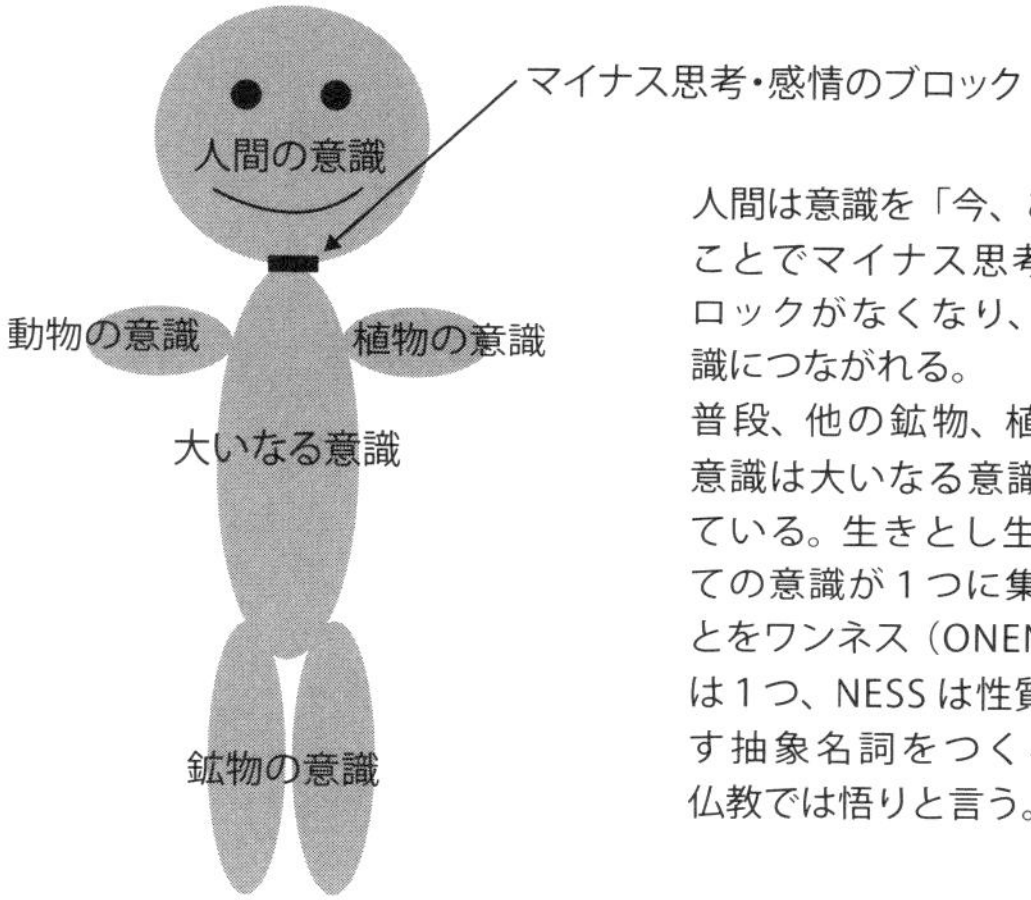

マイナス思考・感情のブロック

人間の意識

動物の意識

植物の意識

大いなる意識

鉱物の意識

人間は意識を「今、ここ」に置くことでマイナス思考・感情のブロックがなくなり、大いなる意識につながれる。
普段、他の鉱物、植物、動物の意識は大いなる意識とつながっている。生きとし生けるもの全ての意識が1つに集約されることをワンネス（ONENESSのONEは1つ、NESSは性質、状態を表す抽象名詞をつくる）と言い、仏教では悟りと言う。

ながりを持っています。

顕在意識（大脳新皮質の前頭葉）→潜在意識（膵臓）→超意識（頭から頭上にはみ出ている第二の視点）→大いなる意識

そして大いなる意識は全ての物（人、動物、植物、鉱物など）とつながっています。しかし、人は顕在意識と潜在意識の間にマイナス思考・感情というブロックがあるため、通常はつながっていません。

ただし、気付きのエクササイズで意識を「今、ここ」に置くことができれば、つながることができます。

そして潜在意識は超意識を通して大いなる意識とつながります。

さらに大いなる意識は、自分も他人も、動物も植物も、鉱物も全てがつながっており、全ては本来一つなのだ、という感覚に到達することができます。これがワンネスです。（図表18）

ちなみに、人がこのワンネスを実感しているときの意識は、顕在意識、潜在意識、超意識、大いなる意識という区別はなく、ただそこに一つの意識があるだけになります。

6．私は、愛と感謝と喜びです！

この大いなる意識は精神科医で心理学者のカール・グスタフ・ユングが唱えた集合的無意識（普遍的無意識）に近いといえます。ただし、集合的無意識が人類共通の意識としているのに対し、大いなる意識は人類の枠を越えて共通する意識です。

したがって、この大いなる意識には、人類の歴史や叡智が貯蔵されているだけでなく、生命や地球、宇宙の歴史も貯蔵されています。

そのため、意識が「今、ここ」にある状態で超意識、大いなる意識とつながることができれば、夢や願いを発信することで大いなる意識の貯蔵庫から夢や願いを実現させるための直感やひらめき、インスピレーションなどが返ってきます。あとは、それに従って行動すれば、夢や願いが実現するのです。

この直感やひらめき、インスピレーションは直接与えられることもありますし、人との会話や出来事、たまたま見つけた書籍、インターネットの情報、テレビ番組など、さまざまな媒体を通して与えられることもあります。

また、寝ているときや笑っているときはマイナス思考・感情のブロックが外れているため、大いなる意識からの直感やひらめき、インスピレーションを受けやすくなっています。よく、偉大な発明や発見、芸術などが、夢からもたらされたという話を聞くのは、このことによります。

ただ、目覚めたときにすぐにメモを取るなどして記録しないと、マイナス思考・感情のブロックにより忘れてしまうことが多いので注意です。

また、大いなる意識とつながるコツは、大いなる意識と同じ振動波を出すことです。いわゆる引き寄せです。

大いなる意識と同じ振動波を出すには自分が「愛」「感謝」「喜び」のプラス感情になることです。ですから、

「私は、愛と感謝と喜びです！」

と唱えてください。この言葉は口癖になるほど、思い出しては繰り返し唱えてください。

そして、顕在意識↓潜在意識↓全身に刷り込んでください。

愛を感じているとき、感謝しているとき、喜びに満たされているときに、大いなる意識とつながります。

日頃から笑顔で人に優しくし、人に感謝することを心がければ、大いなる意識につながりやすくなります。

ところでワンネスとは、仏教でいう悟りと同じです。悟りは「差取り」です。自分の本体が超意識（いわゆる魂）であり、それは大いなる意識とつながっていることにより、生きとし生けるものの意識と一つであるということです。

実はこれは、最新の心理学であるトランスパーソナル（トランスパーソナルとは個を超越するという意）心理学として研究が進んでいます。

◆第12章　まとめ◆

- 「マズローの欲求5段階説」には、実は6段階目の「自己超越欲求」が存在していた。これはまさに、生きとし生けるものの幸せを願うステージのことである。
- 大いなる意識はさまざまな体験や経験をして楽しむために人という分身を作った。
- 自分も他者も、動物も植物も鉱物も、ありとあらゆる物が本来は一つだった、という感覚を「ワンネス」と呼ぶ。
- 大いなる意識とつながることができれば、大いなる意識に貯蔵されている人類、生きとし生けるものの歴史や叡智を利用することができる。

おわりに

私は、本書の「はじめに」で、〝それでは、今すぐ簡単に幸せになれる方法に「気付いて」ください〟と書きましたが、いかがでしたか?

結局、幸せとは外から与えられるものではなく、自分の内側から気付くことだとお分かりいただけたのではないでしょうか。

そして、幸せになることは権利ではなく、義務であることも本書で述べてきました。

「幸せ」という言葉は日常的にかつ頻繁に使われていながら、幸せになるためのコツやノウハウを学ぶ機会は非常に少ないといえます。

本書では、その幸せになる方法を、できるだけ具体的に示したつもりです。

幸せとは実のところ、見えるものでも触れられるものでもありません。捉えどころがないものだといえます。その幸せを、何とかして捉えよう、実感しようというのが本書の試みです。

最後に「ワンネス」という概念を紹介した通り、私もあなたも本来は一つの意識です。ですから、他人や社会につばを吐きかけるような行いをすれば、それはいわゆる天唾で、結局のところ、自分自身につばを吐きかけていることになります。

逆に、他人や社会を愛することは、自分を愛することになります。同様に他人や社会を助けることは、自分を助けることになります。

人に多様性があるのは、本来一つの意識が分離したものですから、それぞれの個性がパズルのピースのように補い合うことで、全体の調和が生まれます。自然界の調和と同じことです。

このことが分かれば、自分だけが幸せになろうと目指すことの不自然さに気付いていただけると思います。

不自然な幸せはやがて破綻してしまいます。

皆さん一人ひとりが、まずは自分を幸せにし、そして他者を幸せにして社会を幸せにする――そのような素敵な世の中を一緒に創り上げていくことができれば、なんと素晴らしいことでしょうか。

そのためにも、皆さんにはぜひとも幸せになっていただく必要があります。

本書をお読みいただいた皆様、大いなる意識を通じて本書を上梓する機会を与えてくださった皆様とのご縁に感謝いたします。

田中晋也

2018年11月吉日

マイナス認知	改善思考・行動	結果（%）

マイナス認知改善シート（客観力）

感情（%）	出来事・状況	自動思考

マイナス認知	プラス認知	改善思考・行動	結果（%）

マイナス認知改善シート（前進力）

感情（%）	出来事・状況	自動思考

未来年表

年	年齢	出来事

●著者プロフィール

田中 晋也（たなか・しんや）

経営コンサルタント／心理カウンセラー

経営コンサルティングと心理カウンセリングで企業の業績アップを図る経営コンサルタント／心理カウンセラー。MY ミッションは「世界の企業をもっと元気に！　世界の人々をもっと幸せで豊かに！」

企画協力　株式会社天才工場　吉田 浩
編集協力　地蔵 重樹
組　版　GALLAP
装　幀　株式会社クリエイティブ・コンセプト

いつも成功している人の心のマネジメント術

2019年1月20日　第1刷発行

著　者　田中　晋也
発行者　山中　洋二
発　行　合同フォレスト株式会社
郵便番号 101-0051
東京都千代田区神田神保町 1-44
電話 03（3291）5200　FAX 03（3294）3509
振替 00170-4-324578
ホームページ http://www.godo-shuppan.co.jp/forest
発　売　合同出版株式会社
郵便番号 101-0051
東京都千代田区神田神保町 1-44
電話 03（3294）3506　FAX 03（3294）3509
印刷・製本　新灯印刷株式会社

■落丁・乱丁の際はお取り換えいたします。

ISBN 978-4-7726-6127-0　NDC 159　188×130